La BIBLE
illustrée des petits

MamE

Auteurs

Karine-Marie Amiot est une mère de famille,
auteur de nombreux livres pour enfants aux Éditions Fleurus et Mame.
Elle a notamment collaboré à *Théo Benjamin*
et écrit régulièrement pour la presse enfantine.

François Campagnac est passionné par la Bible qu'il aime lire,
raconter, mettre en scène. Prêtre du diocèse de Sens-Auxerre
depuis 1997, il exerce son ministère en paroisses.
Actuellement curé et doyen de Sens, archiprêtre de la cathédrale,
il accompagne la catéchèse et la pastorale des jeunes.
Il est également responsable de la formation
biblique pour son diocèse.

Christophe Raimbault est docteur en théologie
et diplômé de l'École biblique et archéologique française de Jérusalem.
Exégète et maître de conférences à l'Institut catholique de Paris,
il donne notamment un cours sur saint Paul,
et un cours « Bible et Catéchèse » à l'Institut Supérieur de Pastorale
Catéchétique (ISPC). Il est également vicaire épiscopal
du diocèse de Tours et curé-doyen de Joué-lès-Tours.

Illustrations

Adeline Avril
« Avec mes remerciements à Marie pour sa précieuse collaboration. » A.A.

« Laissez venir à moi les petits enfants »

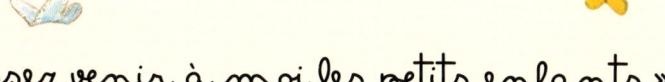

Ouvrez, goûtez, voyez, voilà une vraie Bible pour les petits enfants.

En s'adressant à des petits, elle n'a perdu ni de sa saveur ni de sa richesse. Des textes courts et précis accompagnent de grandes images, pleines de détails et de couleurs.

Lisez cette Bible à vos enfants, laissez-les vous raconter les images, et tous ces épisodes qui semblent parfois un peu déconcertants s'illuminent. Ensemble laissez-vous entraîner par le souffle et l'enthousiasme de ces histoires.

Avec des yeux d'enfants, découvrez ou redécouvrez des épisodes et des héros connus ou insolites. Partagez l'extraordinaire aventure d'un petit peuple avec qui Dieu a marché, noué une amitié, fait une alliance.

Avec vos enfants, retrouvez Jésus, laissez-les s'approcher pour écouter. Jésus aimait leur parler, et ses paroles sont aussi pour eux.

Ce sont des paroles qui racontent l'amour, qui parlent du bonheur, ce sont des paroles d'hier, d'aujourd'hui et de demain, des paroles qui aident à connaître Dieu, à vivre ensemble et à être heureux.

Alors, bonne lecture à tous.

Les auteurs

 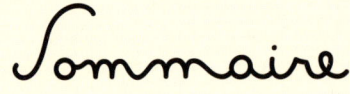 

CHAPITRE 1
Quand Dieu crée le ciel et la terre

P. 10 – La création du monde *(Genèse 1, 1-31 ; 2, 1-4)*
P. 14 – Adam et Ève *(Genèse 2, 4 – 25 ; 3, 1-24)*
P. 16 – Caïn et Abel *(Genèse 4, 1-16)*
P. 18 – L'arche de Noé *(Genèse 6, 5-22 ; 7 ; 8 ; 9, 1-17)*
P. 22 – La tour de Babel *(Genèse 11, 1-9)*
P. 24 – Abraham et Isaac *(Genèse 12, 1-5 ; 15, 3-7 ; 18, 1-15 ; 21, 1-7)*
P. 27 – Joseph et ses frères *(Genèse 37, 12-28)*

CHAPITRE 2
Quand Dieu libère son peuple

P. 32 – Moïse sauvé des eaux *(Exode 1 ; 2, 1-10)*
P. 34 – Moïse et Pharaon *(Exode 2, 11-15 ; 3 ; 7, 14 – 11, 10 ; 2)*
P. 38 – Le passage de la mer Rouge *(Exode 12, 1-11 ; 13, 17-22 ; 14, 5-31 ; 15, 1-21)*
P. 43 – La marche dans le désert *(Exode 15, 22 – 17, 7 ; Nombres 11)*
P. 46 – Les dix commandements *(Exode 19 – 20 ; Deutéronome 5)*
P. 48 – Le veau d'or *(Exode 32 ; 35, 1-3)*
P. 50 – La Terre promise *(Josué 1, 1-3 ; Deutéronome 34)*

CHAPITRE 3
Quand Dieu donne un pays

P. 54 – Les trompettes de Jéricho *(Josué 6, 1-20)*
P. 56 – Samson et Dalila *(Juges 16, 4-31)*
P. 58 – Samuel *(1 Samuel 3)*

P. 60 – David et ses frères *(1 Samuel 16, 1-13)*
P. 62 – David et Goliath *(1 Samuel 17)*
P. 64 – David et l'Arche d'Alliance *(2 Samuel 5, 6-12)*
P. 66 – David et Bethsabée *(2 Samuel 11 – 12)*
P. 68 – David et Salomon *(Psaumes)*
P. 69 – La construction du Temple de Jérusalem *(1 Rois 6 ; 2 Samuel 7)*
P. 70 – Le jugement de Salomon *(1 Rois 3, 16-28)*
P. 72 – La reine de Saba *(1 Rois 10 ; 2 Chroniques 9)*

CHAPITRE 4

Quand Dieu parle à son peuple

P. 76 – Les prophètes
P. 77 – Élie et la brise légère *(1 Rois 19)*
P. 78 – Élie et Élisée *(2 Rois 2)*
P. 80 – Jérémie, Osée et Amos *(Jérémie 18 ; Amos 2, 6-16 ; 8, 4-8 ; Osée 11, 1-7)*
P. 83 – La ruine de Jérusalem *(2 Rois 24, 10-27 ; 25, 1-21)*
P. 84 – Daniel dans la fosse aux lions *(Daniel 6)*
P. 88 – Jonas dans le ventre du poisson *(Jonas)*
P. 92 – Le malheur de Job *(Job)*
P. 94 – Les psaumes et la promesse d'Isaïe *(Isaïe 9, 1-6)*

CHAPITRE 5
Quand Dieu envoie son fils Jésus

P. 98 – L'annonce à Marie *(Luc 1, 26-38 ; Matthieu 1, 18-25)*
P. 100 – La visite chez Élisabeth *(Luc 1, 39-56)*
P. 102 – La naissance de Jésus *(Luc 2, 1-7)*
P. 104 – L'adoration des bergers *(Luc 2, 8-16)*
P. 106 – L'adoration des mages *(Matthieu 2, 1-12)*
P. 108 – La fuite en Égypte *(Matthieu 2, 13-18)*
P. 110 – Jésus à Nazareth *(Matthieu 2, 19-21 ; Luc 2, 39-40)*
P. 112 – Jésus au Temple *(Luc 2, 41-50)*
P. 115 – Le baptême de Jésus *(Matthieu 3, 1-17 ; Jean 1, 35-39)*

CHAPITRE 6
Quand Jésus rencontre les gens de son pays

P. 120 – Jésus à la synagogue de Nazareth (Luc 4, 16-30 ; Marc 3, 7-12)

P. 122 – L'appel de Pierre et André (Marc 1, 16-20)

P. 123 – L'appel de Matthieu (Matthieu 9, 9)

P. 124 – Le jeune homme riche (Marc 10, 17-22)

P. 126 – La femme pécheresse (Luc 7, 36-50)

P. 128 – Tu es Pierre (Matthieu 16, 13-20 ; 10, 1-15)

P. 129 – La transfiguration (Matthieu 17, 1-9)

P. 130 – Marthe et Marie (Luc 10, 38-42)

P. 132 – La Samaritaine (Jean 4, 1-15)

P. 134 – Zachée (Luc 19, 1-10)

P. 136 – La femme adultère (Jean 8, 1-11)

P. 138 – Jésus et les petits enfants (Marc 10, 13-16)

P. 139 – Le Notre Père (Matthieu 6, 9-13)

CHAPITRE 7
Quand Jésus promet le bonheur

P. 142 – Les béatitudes (Matthieu 5, 1-12)

P. 144 – Le royaume des cieux (Matthieu 6, 19-21 ; 25-34 ; 7, 1-5)

P. 146 – La graine de moutarde (Matthieu 13, 31-32)

P. 146 – Le semeur (Matthieu 13, 3-9 ; 18-23)

P. 148 – Le bon Samaritain (Luc 10, 29-37)

P. 150 – La brebis perdue (Luc 15, 3-7)

P. 151 – La pièce retrouvée (Luc 15, 8-10)

P. 152 – L'enfant prodigue (Luc 15, 11-32)

P. 156 – Le débiteur impitoyable (Matthieu 18, 23-35)

P. 158 – Les deux fils (Matthieu 21, 28-32)

P. 160 – Les invités au festin (Matthieu 22, 1-14 ; 25, 34-40)

CHAPITRE 8
Quand Jésus rend la vie plus belle

P. 164 – Les noces de Cana (Jean 2, 1-12)

P. 166 – La guérison du lépreux (Marc 1, 40-45)

P. 168 – Le paralytique *(Marc 2, 1-12)*
P. 170 – La tempête apaisée *(Marc 4, 35-41)*
P. 172 – La fille de Jaïre *(Marc 5, 21-43)*
P. 173 – La multiplication des pains *(Marc 6, 30-44)*
P. 176 – Pierre marche sur l'eau *(Matthieu 14, 15-24)*
P. 178 – La Cananéenne *(Matthieu 15, 21-28)*
P. 179 – La guérison d'un sourd-muet *(Marc 7, 31-37)*
P. 180 – L'aveugle Bartimée *(Marc 10, 46-52)*
P. 182 – La résurrection de Lazare *(Jean 11, 1-44)*

CHAPITRE 9
Quand Jésus donne sa vie

P. 186 – La fête des rameaux *(Marc 11, 1-11)*
P. 187 – Les marchands du Temple *(Marc 11, 15-19)*
P. 188 – Le dernier repas de Jésus *(Luc 22, 14-20 ; Jean 13, 1-15)*
P. 190 – L'arrestation de Jésus *(Luc 22, 21-53)*
P. 192 – Le procès de Jésus *(Marc 14, 53-72)*
P. 195 – La crucifixion *(Marc 15, 1-47)*
P. 198 – Jésus ressuscité *(Jean 20, 1-18)*
P. 201 – Les pèlerins d'Emmaüs *(Luc 24, 13-35)*
P. 204 – L'apparition au bord du lac *(Jean 21, 1-19)*

CHAPITRE 10
Quand l'Esprit de Dieu envoie en mission

P. 208 – L'ascension et le choix de Matthias *(Actes 1, 6-11 ; Actes 1, 12-26)*
P. 210 – La Pentecôte *(Actes 2, 1 11)*
P. 212 – Les premières communautés *(Actes 2, 42-47 ; 4, 32-35)*
P. 214 – Le miracle de la belle porte et la lapidation d'Étienne
  (Actes 3, 1-10 ; 5, 12-16 ; Actes 7, 54-60 ; 8, 1)
P. 216 – La conversion de Paul *(Actes 9, 1-22)*
P. 218 – Pierre et Corneille *(Actes 10)*
P. 220 – La grande réunion de Jérusalem *(Actes 9, 26-31 ; 11, 1-18)*
P. 222 – Les voyages de Paul *(Actes 13, 44-52 ; 27, 13-44 ; 19, 1-7 ; 16, 11-15 ; 18, 1-3 ; 13, 13-43)*
P. 224 – Les lettres de Paul *(1 Corinthiens 13)*
P. 226 – La Jérusalem céleste *(Apocalypse 7, 9-12 ; 21, 1-4)*

CHAPITRE 1
Quand Dieu crée le ciel et la terre

Dieu décide de créer le monde. Un monde tout en couleur. La mer toute bleue et les nuages blancs du ciel. La terre, avec ses taches jaunes et brunes. Des arbres d'un vert éclatant, des fraises rouges comme des coquelicots et des fleurs multicolores qui dansent dans les prés.

Dieu crée le soleil qui réchauffe. Quand il se lève, les papillons et les oiseaux jouent à cache-cache, les poissons nagent et les lapins courent. Dieu crée aussi la lune. Quand elle brille, c'est l'heure d'aller au lit !

« Dieu dit : que la lumière soit ! »

(Genèse 1, 3)

« Il y eut un soir, il y eut un matin. »

(Genèse 1, 19)

« Dieu vit que cela était bon. »

(Genèse 1, 18)

Dieu n'oublie pas les lions, les éléphants, les singes, les tortues, les ours et les lézards, les truites et les mouettes. Il crée aussi les animaux du désert. Dieu décide enfin de créer l'homme : « Ton nom est Adam. Prends soin de la terre, elle est très belle ! » Adam commande les animaux. Dieu est content de son travail et se repose.

Dieu offre un merveilleux cadeau à Adam : « Ce jardin est pour toi ! » Adam n'en croit pas ses yeux. Dieu ne veut pas qu'Adam reste seul. Il crée la femme. Adam l'appelle Ève. Adam et Ève jouent dans le jardin. Adam aime montrer à Dieu la joie qui déborde de son cœur.

Adam et Ève sont très heureux dans le jardin. Ils montent à cheval et boivent le lait des vaches ! Ils peuvent goûter des fruits sucrés par milliers. Hum, c'est plein de vie ! Dieu leur a dit : « Mangez tout ce que vous voulez, sauf du fruit de l'arbre de la connaissance du bien et du mal. »
Un jour, sous l'arbre de la connaissance du bien et du mal, Adam et Ève rencontrent le serpent rusé et très malin.

« Regardez ce fruit, comme il a l'air délicieux ! » Adam et Ève ont tellement envie d'y goûter qu'ils mordent dedans ! Ils ont peur que Dieu soit fâché. Ils savent bien qu'ils viennent de faire une vraie bêtise, alors ils se cachent… Soudain, ils entendent le pas de Dieu qui vient vers eux : « Allez, sortez de là ! » Alors Adam et Ève doivent se mettre en marche. Qu'y a-t-il au bout du chemin ?

Aujourd'hui, Adam et Ève ont deux enfants : Caïn et Abel. Caïn est laboureur ; il transpire. Son travail est très fatigant. Abel est berger ; dans les champs, il joue de la flûte et garde les moutons. Caïn est jaloux de son frère : « J'en ai assez ! Ton travail est beaucoup plus facile que le mien et Dieu t'aime sûrement plus que moi ! » Un jour, Caïn est très en colère. Il attaque Abel et le tue.

Dieu demande à Caïn : « Où est Abel ? » Caïn lui raconte des mensonges. Alors Dieu lui dit : « Je sais que tu as tué ton frère. C'est très grave. » Caïn demande pardon à Dieu. Dieu lui répond : « Tu as fait quelque chose de mal, mais moi, je ne te ferai pas mourir et je ne t'abandonnerai jamais. »

« Qu'as-tu fait... de ton frère ? »

(Genèse 4, 9-10)

« Entre dans l'arche. »

(Genèse 6, 18)

Sur la terre, les hommes sont devenus méchants. Dieu en a assez. Il va voir Noé, le seul homme juste, et lui dit : « Construis un grand bateau, je vais recouvrir la terre d'eau et noyer toute cette méchanceté. » Noé construit une arche.
« Vite, vite ! Grimpez tous, l'eau monte ! C'est un vrai déluge. » Quelle précipitation… La famille de Noé et des milliers de couples d'animaux montent à bord. Chacun a trouvé une place : les enfants, les éléphants et même les petites souris. Dieu ferme la porte.

La pluie tombe longtemps, très longtemps. Il y a de l'eau partout sur la terre, jusqu'en haut des montagnes, et le bateau flotte.
Après quarante jours, la pluie s'arrête. Noé envoie une colombe dans le ciel. Elle revient bientôt, un rameau d'olivier dans le bec.
« Hourra, on voit la terre ! »

Les animaux bondissent hors du bateau. Les enfants courent dans l'herbe fraîche. La terre sent bon. On peut l'habiter à nouveau. Le soleil brille et un arc-en-ciel dessine un pont entre le ciel et la terre. C'est un signe : « Dieu m'a promis qu'il n'y aurait plus jamais de déluge. Maintenant, on peut vivre en paix », dit Noé.

« L'arc-en-ciel sera un signe d'Alliance entre moi et la Terre. »

(Genèse 9, 13)

Les enfants de Noé ont beaucoup d'enfants. Et les enfants de leurs enfants sont encore plus nombreux ! Ils se connaissent tous et décident de construire une tour très haute, qui touche le ciel. Certains se prennent pour des héros et même pour des dieux !

Dieu veut arrêter cette construction. Il dit : « Que, maintenant, chacun parle une langue différente ! »
Alors plus personne ne se comprend. Les gens partent dans toutes les directions. Ils vont peupler le monde.

La tour abandonnée s'appelle la tour de Babel.

« Ta famille sera aussi nombreuse que les étoiles. »
(Genèse 15, 5)

Abraham est un ami de Dieu. Un jour, Dieu l'appelle : « Quitte ton pays et va vers le pays que je te ferai voir. » Avec Sarah, sa femme, et toute sa famille, Abraham marche longtemps. Un soir, il plante enfin sa tente sous des chênes : « Regarde, Sarah, ce pays est pour nous et nos enfants. » Mais Sarah est triste : elle est vieille et elle n'a pas d'enfant.

Il est midi. Au loin, Abraham voit trois voyageurs. « Sarah ! Prépare des galettes ! Nous avons des invités ! » Les trois voyageurs se reposent sous les chênes : « Dans un an, dit l'un d'eux, vous aurez un bébé. »
Sarah rit : « C'est impossible, nous sommes trop vieux ! » « Rien n'est impossible à Dieu », répond le voyageur.

Dieu a tenu sa promesse. Sarah attend un bébé ! Abraham est tout joyeux. Bientôt, le bébé naît, il sourit, il est plein de vie : « Petit enfant, ton nom est Isaac, ce qui veut dire Dieu sourit. » Isaac grandit et devient un homme. Il a deux enfants : Jacob et Esaü.

Jacob grandit à son tour. Il a douze fils ! Le plus jeune, Joseph, reste toute la journée près de son papa. Ses grands frères, eux, travaillent dur dans les champs. Ils disent que Joseph est le préféré.

Les frères de Joseph se moquent de lui et lui font du mal. Un jour, ils sont tellement jaloux qu'ils le jettent au fond d'un puits. « Regardez, une caravane de marchands égyptiens ! Sortons Joseph du puits et vendons-le ! »

« Bon débarras ! » Jacob est désespéré : il croit que Joseph est mort. Mais Dieu veille sur lui. Joseph devient l'ami du roi d'Égypte, le pharaon. Un jour, il y a une grande famine. C'est Joseph qui distribue la nourriture. Soudain, dans la foule, il reconnaît ses frères. Il court les embrasser et il leur pardonne tout. Les frères de Joseph s'installent en Égypte avec leurs femmes, leurs enfants et tous leurs serviteurs. Cette grande famille forme le peuple des Hébreux.

CHAPITRE 2
Quand Dieu libère son peuple

Pharaon est inquiet : « Ces Hébreux qui habitent chez nous, ils sont trop nombreux ! Un jour, ils pourraient nous faire la guerre… Il faut les faire travailler de force, sans les payer ! Quant à leurs fils nouveau-nés, tuez-les ! »
Quelle panique ! Les soldats égyptiens entrent dans toutes les maisons pour prendre les bébés !

Myriam, une petite fille du peuple hébreu, accourt chez elle en criant : « Vite ! Il faut cacher mon petit frère ! » Avec sa maman, elle cache le bébé dans un panier et le dépose dans la rivière. Une princesse se baigne avec ses servantes. Soudain, elle voit le panier. « Oh ! Un tout petit bébé ! Je vais prendre soin de toi. Je te donne le nom de Moïse, qui veut dire Sauvé des eaux. »

« J'ai vu la misère de mon peuple en Égypte… »

(Exode 3, 7)

34 - Quand Dieu libère son peuple

Moïse devient grand. Il sait que son peuple est malheureux en Égypte. Un jour, il voit un soldat fouetter un Hébreu. Fou de colère, Moïse tue le soldat. Le lendemain matin, toute la ville est au courant.

Moïse a été dénoncé par un rapporteur ! Moïse a peur de la colère de Pharaon : il s'enfuit dans le désert.
Moïse est berger. Un jour, dans la montagne, il voit un buisson qui brûle, sans jamais disparaître. C'est incroyable ! Moïse s'approche. Une voix dit : « Je suis le Dieu d'Abraham, d'Isaac et de Jacob. J'ai vu mon peuple maltraité. Va en Égypte, délivre-le et guide-le vers la terre merveilleuse que je vous donnerai. Je t'aiderai, je serai toujours là. »

36 - Quand Dieu libère son peuple

Moïse va voir Pharaon une première fois : « Laisse partir mon peuple ! » Mais Pharaon refuse. Il se moque de lui. Moïse insiste, mais Pharaon a le cœur dur. Il ne cède pas.
Dieu voit que les choses se passent mal. Il envoie dix grands malheurs sur l'Égypte : des grenouilles, des moustiques, des sauterelles… Pharaon ne cède toujours pas.

Quand Dieu libère son peuple - 37

Finalement, quand Pharaon voit mourir son fils, il laisse partir les Hébreux. Vite ! Les bagages sont chargés sur les chariots. Les enfants courent dans tous les sens… Dans l'excitation du départ, les Hébreux partagent un grand repas de fête pour la route. Dieu a tenu sa promesse.

« C'est la Pâque du Seigneur. »
(Exode 12, 11)

Dans la nuit, l'immense caravane se met en route pour quitter l'Égypte. Moïse marche en tête. Il ne sait pas ce qu'il va trouver plus loin, et pourtant, il a confiance en Dieu. Le voyage va durer très longtemps ; on l'appelle l'Exode.

« Au secours ! Regardez derrière ! Pharaon a changé d'avis ! Les soldats égyptiens nous rattrapent... » Avec enfants et bagages, les Hébreux ne peuvent pas aller plus vite ! Ils tremblent de peur. Devant eux, il y a la mer, derrière, les Égyptiens. Ils sont pris au piège !

Quand Dieu libère son peuple - 41

Moïse appelle Dieu au secours. Puis il s'avance vers la mer et lève son bâton devant l'eau : la mer s'ouvre.
Un grand passage se dessine devant lui…
La longue caravane des Hébreux traverse la mer à pied sec.

42 - Quand Dieu libère son peuple

« Ce jour-là, Dieu sauva son peuple. »
(Exode 14, 30)

« Vite ! » Les Égyptiens les ont presque rattrapés, mais soudain la mer se referme violemment sur eux. Avec leurs chars et tous leurs chevaux, ils sont engloutis sous les flots. Sur l'autre rive, les Hébreux sont sauvés. Ils chantent les merveilles de Dieu. Ils font la fête et dansent au son des tambourins.

Le peuple marche dans le désert. Il fait chaud. « On a faim, on a soif ! On va mourir ! » Moïse appelle Dieu au secours : « N'aie pas peur, je suis toujours là », lui répond Dieu. Chaque matin, Dieu leur donne un drôle de pain : la manne. Avec son bâton, Moïse frappe un rocher : de l'eau en jaillit. Le peuple mange et boit.

44 - Quand Dieu libère son peuple

« Pourquoi mettre le Seigneur à l'épreuve ? »

(Exode 17, 2)

La caravane avance de plus en plus doucement. Le peuple est fatigué. « On en a assez de marcher ! On a mal aux pieds ! Quand est-ce qu'on arrive ? » Le peuple a peur de ne pas avoir assez à manger : « On n'a même pas de réserves ! » Moïse appelle Dieu au secours : « N'aie pas peur, je suis toujours là, lui répond Dieu. Regarde ces petits oiseaux, ces cailles ! Mangez-les ! »

Dans le peuple, certains continuent à se plaindre. Ils vont voir Moïse : « C'est à cause de toi qu'on est sortis d'Égypte. On t'a fait confiance mais on n'aurait pas dû ! Ici, la vie est trop dure ! On a faim de bonne viande bien tendre. On était mieux avant ! » Moïse ne sait plus quoi répondre. Alors il part dans la montagne, pour prier Dieu.

Quand Dieu libère son peuple - 47

Tout là-haut, sur la montagne du Sinaï, Moïse voit une fumée blanche et entend la voix de Dieu qui le rassure : « N'aie pas peur, Moïse, je suis toujours là. Continue à conduire mon peuple. Retourne près d'eux. Dis-leur d'avoir confiance. C'est moi qui vous ai fait sortir d'Égypte. Je suis avec vous pour toujours. »
Dieu dit encore à Moïse : « Aujourd'hui, je te donne une loi pour apprendre à aimer. Grave-la sur de grosses pierres et va la donner à mon peuple ! Elle dit que Dieu aime tous les hommes, et que pour être heureux, chaque homme doit aimer Dieu et son voisin. »

Les dix commandements
(Exode 20, 1-17)

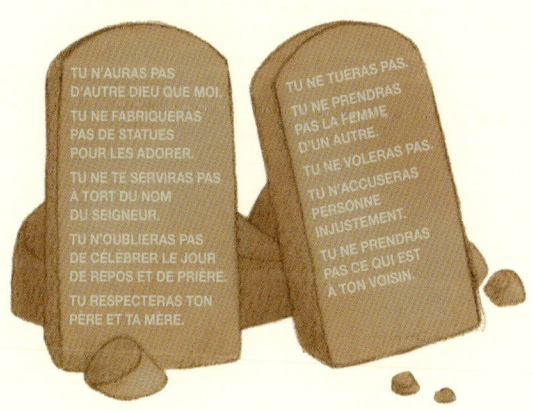

TU N'AURAS PAS D'AUTRE DIEU QUE MOI.
TU NE FABRIQUERAS PAS DE STATUES POUR LES ADORER.
TU NE TE SERVIRAS PAS À TORT DU NOM DU SEIGNEUR.
TU N'OUBLIERAS PAS DE CÉLÉBRER LE JOUR DE REPOS ET DE PRIÈRE.
TU RESPECTERAS TON PÈRE ET TA MÈRE.
TU NE TUERAS PAS.
TU NE PRENDRAS PAS LA FEMME D'UN AUTRE.
TU NE VOLERAS PAS.
TU N'ACCUSERAS PERSONNE INJUSTEMENT.
TU NE PRENDRAS PAS CE QUI EST À TON VOISIN.

48 - Quand Dieu libère son peuple

En descendant de la montagne, Moïse aperçoit le peuple au loin. « Mais que font-ils donc ? Ils se sont fabriqué un dieu qu'ils peuvent voir et toucher. Autour d'un veau en or, ils dansent comme des fous. » Moïse élève la voix : « Arrêtez ! Notre Dieu ne nous a pas abandonnés. Reprenez confiance. Pour vous aider, je vais vous dire la loi que Dieu m'a confiée. »

Dans le désert, le peuple marche tous les jours, sauf un ! Ce jour-là, il se repose. Moïse a rangé les pierres gravées dans un grand coffre précieux : l'Arche d'Alliance. Pendant la marche, des hommes la portent en tête de la caravane. Les jours de repos, on la dépose sous une tente. Là, chacun peut venir rencontrer et prier Dieu.

« Je fais une Alliance avec vous pour toujours. »

(Exode 34, 10)

« On est arrivé ! La caravane n'ira pas plus loin ! » Après quarante ans de marche dans le désert, le peuple hébreu arrive en Terre promise, une terre riche et belle, où coulent le lait et le miel. Hum !

Juste avant d'arriver, le vieux Moïse meurt. Il a accompli sa mission. Le peuple est heureux de s'installer dans ce nouveau pays.

CHAPITRE 3
Quand Dieu donne un pays

Les Hébreux arrivent dans le pays de Canaan, la Terre promise par Dieu. Pour habiter dans les villes, ils doivent combattre des ennemis. Ils arrivent d'abord devant la ville de Jéricho. Tout le peuple fait le tour de la ville en poussant de grands cris.

Ceux qui portent l'Arche d'Alliance marchent les premiers. De toutes leurs forces, les hommes soufflent dans leurs trompettes : les murailles s'écroulent. « Jéricho est prise ! » Le peuple s'installe dans la ville.

« Je t'en prie,
Seigneur Dieu,
rends-moi fort ! »

(Juges 16, 28)

Les Hébreux sont en guerre contre les Philistins. Grâce à ses cheveux longs, Samson est très fort. Il défend les Hébreux, son peuple.
Mais Samson tombe amoureux d'une jeune femme ennemie : Dalila. Et Dalila est rusée ! « Cette nuit, pendant que Samson dort, je vais lui couper les cheveux pour lui retirer sa force. »
Les Philistins en profitent pour lui crever les yeux !

Mais les cheveux de Samson repoussent. Il prie Dieu et retrouve toute sa force. « Je vais renverser les colonnes du temple. »
Les Philistins sont écrasés sous les pierres. Samson est vainqueur.

« Parle, ton serviteur écoute. »

(1 Samuel 3, 10)

Samuel aide Élie, le vieux gardien du temple. Un soir, Samuel n'arrive pas à dormir. Soudain, il sursaute. Une voix l'appelle : « Samuel, Samuel ! » Samuel se tourne vers Élie : « Tu m'as appelé ? » « Non, ce n'est pas moi. C'est sûrement Dieu qui vient te parler. Essaye de dormir et s'il t'appelle encore, tu lui répondras : me voici. »

Samuel n'a plus du tout sommeil. Soudain, il sursaute. Une voix l'appelle : « Samuel, Samuel ! » « Cette fois, se dit Samuel, je crois que c'est Dieu qui me parle. » D'un bond, il saute de son lit et répond : « Me voici. »
Samuel grandit en écoutant la parole de Dieu.

Un jour, Dieu envoie Samuel chez Jessé : « C'est dans sa famille que j'ai choisi le futur roi. » Jessé fait venir sept de ses fils et il les présente à Samuel un à un. Il ne manque que David, le plus petit, qui garde le troupeau.

« C'est justement David que je veux voir ! » dit Samuel à Jessé. « Qu'il vienne ! » Samuel pose sa main sur la tête de David : « David, tu seras le roi d'Israël. »

« Ce jour-là, l'Esprit de Dieu vint sur David. »

(1 Samuel 16, 13)

Les Hébreux et les Philistins se font encore la guerre. David entend la terrible voix du géant Goliath : « Personne ne veut se battre contre moi ? » « Si, moi, répond David. Je suis tout petit, mais avec l'aide de Dieu, je serai le plus fort ! »

David est rusé : il ramasse cinq cailloux qu'il cache au fond de sa poche. Goliath s'approche de lui avec sa grande épée. David prie Dieu. Avec sa fronde, il lance un caillou dans le front du géant, qui tombe à terre, mort. « Grâce à Dieu, j'ai gagné ! » hurle David.

64 - Quand Dieu donne un pays

David est devenu grand. Il est un bon roi pour tout son peuple. Il s'installe dans la plus belle ville de son pays, perchée tout en haut d'une colline. La ville du roi David s'appelle Jérusalem, ce qui veut dire Ville de la Paix.

David fait monter l'Arche d'Alliance à Jérusalem. Il est tout joyeux : « Maintenant, Dieu habite dans ma ville. » David fait la fête et danse devant l'Arche. « Oui, vraiment, Dieu est présent à Jérusalem. »

Un jour, David tombe amoureux de la belle Bethsabée. Mais Bethsabée est déjà mariée avec Uri. David est très jaloux d'Uri. Un soir, il se dit : « Je vais me débarrasser de lui ! Qu'il parte à la guerre, et qu'on le mette au premier rang : je veux qu'il se fasse tuer et Bethsabée sera pour moi. »

Uri obéit au roi David. Il part à la guerre. Il est tué au combat. David est content : « Maintenant, Bethsabée devient ma femme ! » Mais Dieu envoie un messager, Nathan : « David, ta faute est grave ! » David a honte. Il s'enferme dans sa chambre, il ne veut plus voir personne. Il est très malheureux. David regrette tout ce qu'il a fait et demande pardon à Dieu. Dieu pardonne à David. Il donne à David et Bethsabée un fils qu'ils appellent Salomon.

Dieu, mon Dieu, ton nom est grand, ton nom est beau ! Toute la terre chante tes merveilles...

David prie Dieu avec son fils, Salomon. Devant l'Arche d'Alliance, Salomon se tait et écoute son papa qui lui apprend l'amour et la sagesse de Dieu. Ensemble, ils chantent des psaumes, de belles prières qui ressemblent à des poèmes pour dire à Dieu merci, pardon, s'il te plaît, j'ai peur, à l'aide, c'est beau ou je t'aime.

Salomon est devenu roi à son tour. À Jérusalem, il veut construire une maison pour Dieu. Il bâtit un temple immense. Au centre, il place l'Arche d'Alliance. Le peuple vient souvent dans le temple pour rencontrer Dieu. C'est là que Dieu habite.

... Jusqu'au ciel, les enfants et les tout-petits chantent tes merveilles.

Psaume 8

Un jour, Salomon reçoit la visite de deux femmes qui se tirent les cheveux et crient toutes les deux en même temps, en se disputant un bébé : « C'est le mien ! » « Non ! Menteuse ! C'est le mien ! » Salomon réfléchit. Il est un roi juste et sage.
« Puisque c'est comme ça, je vais couper le bébé en deux ! »

Quand Dieu donne un pays - 71

Une femme accepte. L'autre refuse : « Non ! Quelle horreur ! Le plus important, c'est qu'il vive ! » Salomon reconnaît alors que c'est elle la vraie maman du bébé. Il lui confie l'enfant : « Prends bien soin de lui. Je sais que tu l'aimes déjà. »

Comme David, son père, Salomon est un très bon roi. On parle de sa sagesse bien au-delà des frontières du pays. Des rois et des princes viennent de très loin pour le rencontrer. Salomon reçoit la visite de la reine de Saba.
Elle a voyagé longtemps, avec tous ses serviteurs, pour demander des conseils à Salomon dont on dit tant de bien.

« Heureux ceux qui écoutent ta sagesse. »
(1 Rois 10, 8)

CHAPITRE 4
Quand Dieu parle à son peuple

« Je suis passionné par le Seigneur. »

(1 Rois 19, 10)

Dans le royaume d'Israël, les habitants se disputent souvent entre eux et font aussi la guerre avec les voisins. Dieu envoie des messagers, des prophètes. Ils viennent à la fois gronder et rassurer les gens. Tous répètent : « Arrêtez de vivre comme des méchants, écoutez votre Dieu. » Dieu choisit plusieurs prophètes : Élie, Élisée, Jérémie, Osée, Amos, Daniel, Jonas, Isaïe.

Un jour, Dieu envoie le prophète Élie, mais Élie a peur : « Personne ne m'aime ! On va se moquer de moi. Je ne suis pas fort comme Dieu ! » Élie part se cacher dans la montagne.
Tout à coup, arrive une tempête, avec un terrible tremblement de terre. Puis, c'est le silence… Où es-tu, Dieu ? Soudain, dans la brise légère du vent, Élie reconnaît la voix de Dieu, douce comme un secret : « N'aie pas peur. »

Élie se promène avec Élisée, au bord d'un fleuve, le Jourdain. Élie est vieux ; il a fait tout ce que Dieu lui a dit de faire. Sans avoir le temps de dire au revoir à son ami, il s'élève dans le ciel, sur un char de feu. Il laisse glisser son manteau de prophète par terre, comme pour dire à Élisée : « Maintenant, c'est ton manteau. Continue la mission de Dieu. »

Un jour, Naaman, le chef de guerre d'un pays étranger, va voir le prophète Élisée. « J'ai une maladie très grave, la lèpre, toi seul peux me guérir. » « Prends sept bains dans le Jourdain », lui dit Élisée. Naaman est très déçu : pas de mots compliqués ni de formule magique ! Finalement, Naaman fait confiance à Élisée. Il se plonge dans le fleuve et il en ressort guéri.

Un jour, Dieu demande au prophète Jérémie d'aller rendre visite à un potier. En regardant le potier modeler son vase, Jérémie comprend que Dieu agit avec son peuple comme le potier. Il fait de son mieux pour le rendre solide et beau. Il prend soin de ce qu'il a fait.

Le prophète Osée fait une grande découverte : « Regardez cette maman qui berce son bébé contre son cœur ! Dieu a le même sourire pour tous les hommes. Dieu guide son peuple comme un papa qui rassure et protège. Il le nourrit et l'embrasse comme une maman. »

Sur le marché, le prophète Amos voit des marchands tricher pour gagner plus d'argent. Partout, il remarque que ce sont les riches qui font la loi. Personne ne fait attention aux pauvres. Amos parle durement aux riches : « Vous êtes injustes et égoïstes. Vous ne pensez pas aux autres. Vous serez punis ! »

  Quand Dieu parle à son peuple - 83

Partout, il y a de plus en plus de disputes. Les habitants d'Israël se battent aussi avec les autres pays. C'est la guerre ! Des soldats étrangers les font prisonniers, les emmènent de force dans leur pays, à Babylone et détruisent la ville de Jérusalem. Mais Dieu n'abandonne pas son peuple.

Daniel, un jeune homme du peuple d'Israël, habite à Babylone. Il va souvent chez le roi Darius. Darius aime beaucoup Daniel, car il est très intelligent. Et quand le roi le lui demande, Daniel lui explique ses rêves.

Quand Dieu parle à son peuple - 85

Mais à la cour, les ministres du roi sont jaloux de Daniel : ils cherchent un moyen de le tuer.
Un jour, les ministres du roi surprennent Daniel qui prie dans sa chambre. Ils vont dire au roi : « Nous avons vu Daniel ! Il prie le Dieu de son pays. C'est interdit ! Il faut le jeter dans la fosse aux lions. »

« Ton Dieu te délivrera. »

(Daniel 6, 17)

Darius est vraiment triste : « Je vais perdre mon ami ! Mais c'est la loi ! Et même si je suis le roi, je ne peux rien faire. » Le soir, juste avant qu'on ne jette Daniel dans la fosse aux lions, Darius va voir son ami. Il est malheureux ; il le supplie : « Prie ton Dieu pour qu'il te sauve. »

Le lendemain matin, Darius court vers la fosse. C'est incroyable : Daniel est vivant ! Dieu l'a protégé des bêtes sauvages. Darius, tout joyeux, fait sortir Daniel de la fosse, et à sa place, il y fait enfermer tous ses ministres jaloux.
Ce jour-là, Darius décide de faire une nouvelle loi : « Dans tout le royaume, les gens ont le droit de prier Dieu. »

Dieu demande à Jonas d'aller à Ninive. Mais Jonas a peur d'aller dans cette grande ville : « Non ! Je n'irai pas ! Les habitants de Ninive sont des voleurs et des brigands ! »
Au lieu de partir à Ninive, Jonas désobéit à Dieu. Il saute dans un bateau et s'enfuit en sens inverse.

Soudain, le vent se lève. Les vagues deviennent énormes. Les matelots tremblent de peur. « C'est ma faute, hurle Jonas, c'est Dieu qui se fâche contre moi et qui provoque une grande tempête ! C'est parce que j'ai désobéi. Jetez-moi à la mer. »

Les matelots jettent Jonas par-dessus bord. Il s'enfonce loin, loin, dans un tourbillon, et puis soudain… un énorme poisson l'avale ! La tempête se calme aussitôt. Jonas reste prisonnier dans le ventre du poisson. Pendant trois jours et trois nuits, il prie et demande pardon à Dieu.

Le poisson recrache Jonas sur le rivage. Aussitôt, il part à Ninive. Pendant trois jours, il traverse la ville en criant : « Cessez d'être méchants. Faites confiance à Dieu. » Les habitants de Ninive découvrent que Dieu s'intéresse à eux. Ils décident d'arrêter leurs méchancetés et Dieu leur pardonne. Jonas n'en revient pas : « Ça alors ! Dieu aime tous les hommes ! »

« Tu es un Dieu bon et qui pardonne. »

(Jonas 4, 2)

Job est un homme juste et bon. Un jour, sans raison, il perd tout. Il tombe malade. Il se retrouve tout seul, et même ses amis le laissent tomber. Ils murmurent dans son dos : « Il a sûrement fait quelque chose de très mal pour avoir autant de malheurs d'un seul coup ! » Job a mal. Il pleure et se met en colère : « Dieu ! Au secours ! Aide-moi ! »

Job est sûr que Dieu l'entend : « Bientôt, tout ira mieux ! J'ai confiance. » Ses amis le prennent pour un fou. Ils se disent entre eux : « C'est sûr ! Dieu l'a abandonné ! » Job ne les écoute pas, il continue à prier, et crie vers Dieu sans arrêt. Finalement, Dieu répond. Bientôt, Job retrouve la santé, une nouvelle famille, une nouvelle maison et un nouveau travail.
C'est une nouvelle vie.

94 - Quand Dieu parle à son peuple

« Le peuple qui marchait dans les ténèbres a vu se lever une grande lumière. »

(Isaïe 9, 1)

Le prophète Isaïe apporte une très grande espérance au peuple : « Un jour, viendra un Sauveur, un enfant qui donnera à tous la joie et la paix, et qui éclairera toute la terre de son amour. » Le peuple attend cet enfant promis par Dieu. Ce sera lui le Messie.

Dieu, c'est toi, mon Dieu.
Je te cherche dès le lever du soleil.
Je te cherche comme on cherche
un puits dans le désert.

Toute ma vie,
je vais chanter ton nom
et frapper des mains.
Tu es la joie de mon cœur.

Psaume 62

CHAPITRE 5
Quand Dieu envoie son fils Jésus

> « Réjouis-toi, Marie, le Seigneur est avec toi. »
>
> (Luc 1, 28)

Marie est une belle jeune fille toute simple. À Nazareth, tout le monde l'aime bien. Depuis peu de temps, elle est fiancée avec Joseph, le charpentier. Il est de la famille du roi David.
Un jour, l'ange Gabriel est envoyé à Marie : « Bonjour, Marie. Dieu t'a choisie pour être la maman du Messie, celui qui vient aimer tous les hommes. »

Marie est très étonnée, elle ne comprend pas. Alors l'ange lui dit : « N'aie pas peur. Bientôt, tu auras un bébé. Tu l'appelleras Jésus. » Et Marie dit oui.
Joseph fait un rêve. Il entend la voix de l'ange : « N'aie pas peur de te marier avec Marie. Elle va avoir un beau bébé. Tu l'appelleras Jésus. »
Et Joseph le fait.

Quand Dieu envoie son fils Jésus - 101

Marie part chez sa cousine Élisabeth. Elle aussi attend un bébé. Il s'appellera Jean. Au bout du chemin, Marie voit sa cousine. Elle court se jeter dans ses bras. Le bébé d'Élisabeth saute de joie dans son ventre.

« Bravo Marie, dit Élisabeth. Tu portes un bébé merveilleux. » Marie sourit : « Oui, je suis très joyeuse. Je chante les merveilles de Dieu pour ce bébé qui va naître. »

102 - Quand Dieu envoie son fils Jésus

L'empereur des Romains décide de compter tous les habitants de la terre. Joseph part avec Marie qui va bientôt avoir son bébé. Ils vont à Bethléem, le pays de la famille de Joseph. Marie est très fatiguée par le long voyage. Joseph frappe à toutes les portes pour trouver une chambre, mais à Bethléem, il n'y a plus de place pour eux.

Marie et Joseph se mettent à l'abri dans une étable.
Cette nuit-là, le bébé de Marie naît. Elle l'habille chaudement et le couche dans la mangeoire des animaux.

Tout près, il y a des bergers avec leurs moutons. Ils gardent les yeux bien ouverts, même la nuit. Tout à coup, ils voient une grande lumière et ils entendent la voix d'un ange : « Un bébé extraordinaire vient de naître. C'est lui le Messie, l'Envoyé de Dieu. Allez le voir. Vous le trouverez couché dans une mangeoire. »

Dans la crèche, les bergers trouvent Jésus. Ils sont très joyeux. Ils se mettent à genoux pour le regarder dormir, à côté de Marie et de Joseph.

« Gloire à Dieu, au plus haut des cieux, et paix sur la terre, aux hommes qu'il aime. »

(Luc 2, 14)

« Ouvrant leurs coffrets, ils lui offrirent de l'or, de l'encens et de la myrrhe. »

(Matthieu 2, 11)

Très loin de Bethléem, des grands savants, les mages, regardent le ciel. « Une nouvelle étoile brille ! Un roi vient de naître. » Les mages suivent l'étoile. Ils traversent le désert et arrivent à Jérusalem, dans le palais du roi Hérode : « Où est le nouveau roi ? » Hérode est très inquiet : « Le roi, c'est moi ! Si vous en trouvez un autre, dites-le-moi ! J'irai voir. »

Guidés par l'étoile, les mages arrivent à Bethléem et trouvent Jésus. Ils lui offrent de précieux cadeaux. Puis ils rentrent chez eux, sans repasser chez Hérode.

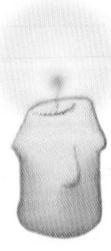

Hérode a peur qu'un nouveau roi prenne sa place. Il envoie des soldats à Bethléem, pour tuer tous les bébés. Un ange prévient Joseph : « Vite ! Il faut cacher Jésus. Hérode est jaloux : il veut le tuer. Partez tous les trois pour l'Égypte. » La nuit, Marie et Joseph s'enfuient en Égypte avec Jésus.

Quand Hérode meurt, Marie, Joseph et Jésus reviennent dans le village de Nazareth. Là, Jésus grandit. Il apprend à lire et il aime prier Dieu. Souvent, il regarde Joseph travailler.

L'été, il écoute le bruit du vent dans le blé et il se repose à l'ombre des oliviers. Avec ses amis, Jésus court dans les vignes et croque des fruits sucrés : des dattes, des figues et des amandes. Il est beau ce pays !

« L'enfant grandissait en grâce et en sagesse. »
(Luc 2, 40)

Quand Jésus a douze ans, il part en voyage avec ses parents. Ils se joignent à toute la foule qui va en pèlerinage à pied jusqu'au temple de Jérusalem. Sur le chemin, ils chantent pour Dieu.

Au retour, Marie s'inquiète : « Joseph, où est donc Jésus ? Je ne le vois plus. » Marie et Joseph interrogent les gens, mais personne ne l'a vu. Jésus a disparu ! Ils retournent à Jérusalem pour le chercher.

Au bout de trois jours, Marie et Joseph retrouvent Jésus dans le Temple. Il discute avec les savants de la religion. Marie a des larmes plein les yeux : « Tu nous as fait peur, Jésus. Depuis trois jours, on te cherche partout. » « Pourquoi étiez-vous si inquiets ? répond Jésus. Vous pouviez me trouver ici, dans la maison de Dieu, mon Père. »

Quand Dieu envoie son fils Jésus - 115

Jean, le cousin de Jésus, a grandi lui aussi. Maintenant, il vit et prie dans le désert. Il parle comme un prophète : « Arrêtez d'être méchants. Soyez des amis de Dieu, car lui, il vous aime et vous pardonne. Il est tout proche. » Dans l'eau du fleuve, Jean baptise des foules entières.

« Préparez le chemin du Seigneur. »
(Matthieu 3, 3)

« Il vit l'Esprit de Dieu descendre comme une colombe et venir sur lui. »

(Matthieu 3, 16)

Un jour, Jésus vient voir Jean le Baptiste pour être baptisé dans l'eau du fleuve, lui aussi. Quand Jésus sort de l'eau, le ciel s'ouvre et une voix dit : « Tu es mon Fils et je t'aime. Dans ton cœur, j'ai mis tout mon amour. »

Peu après, Jésus voit des hommes qui le suivent. Il se retourne et leur demande : « Pourquoi me suivez-vous ? Cherchez-vous quelqu'un ? »
« Oui, toi, lui répondent-ils. Où habites-tu ? »
Alors Jésus leur dit : « Venez, suivez-moi, et vous verrez. »

CHAPITRE 6
Quand Jésus rencontre les gens de son pays

120 - Quand Jésus rencontre les gens de son pays

Un jour, à Nazareth, Jésus entre dans la maison de prière. Après avoir fait la lecture, il dit devant tout le monde : « Dieu avait promis d'envoyer un Sauveur. Eh bien, aujourd'hui, Dieu tient sa promesse. » Ceux qui sont là veulent le faire taire : « Mais, qui est celui-là ? C'est un fou ! Il se prend pour le Messie ! »

Un autre jour, au bord du lac de Galilée, la foule se bouscule autour de Jésus. Tout le monde veut l'écouter et le voir. Alors Jésus monte dans une barque et s'éloigne un peu du bord. Il parle de Dieu qui aime tous les hommes et qui veut être leur ami.

122 - Quand Jésus rencontre les gens de son pays

« Laissant aussitôt leurs filets, ils le suivirent. »

(Marc 1, 18)

Jésus voit deux pêcheurs, André et Pierre, qui tirent leurs filets sur la plage. Jésus les appelle : « André, Pierre, laissez vos filets. Venez, suivez-moi ! »

Quand Jésus rencontre les gens de son pays - 123

Matthieu ramasse les impôts. Jésus le voit, assis à son bureau, et lui dit : « Matthieu, suis-moi. » Matthieu arrête son travail, il se lève, laisse ses affaires et suit Jésus.

Jésus choisit ainsi douze amis, ses apôtres, pour l'aider à annoncer la Bonne Nouvelle de Dieu.

« Va, ce que tu as, vends-le, donne-le aux pauvres et tu auras un trésor dans le ciel. »

(Marc 10, 21)

Un jeune homme riche demande à Jésus : « Que dois-je faire pour être vraiment un ami de Dieu ? Je fais tout ce que dit la loi, et pourtant, mon cœur reste triste. » Jésus lui dit : « Donne tout ce que tu as aux pauvres et suis-moi. »

« Tout donner ! Quelle folie… Je ne peux pas faire cela… »
Le jeune homme riche s'éloigne.
Il a très envie de pleurer.

Jésus est invité à dîner chez Simon, un homme important. Simon sourit : il est fier d'avoir Jésus comme invité. Une femme s'approche, un flacon de parfum à la main. Elle tombe à genoux aux pieds de Jésus, en pleurant : « J'ai fait quelque chose de très mal. Pardonne-moi. »

Elle lave les pieds de Jésus avec le parfum, et elle les embrasse. Alors Jésus lui dit : « Je te pardonne. Va en paix. » Puis, il dit à Simon : « Tu vois, je lui pardonne tout car son cœur est plein d'amour. »

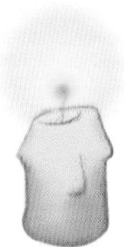

Jésus demande à ses amis : « Qui dit-on que je suis ? » Pierre répond : « Les gens pensent que tu es Jean le Baptiste. Certains disent que tu es un prophète. Moi, je sais que tu es le Fils de Dieu. » Jésus lui répond : « Bravo, c'est Dieu qui t'a fait découvrir cela. »

Jésus envoie ses amis deux par deux : « Partez sur les routes. N'emportez rien pour le voyage : ni pain, ni sac, ni argent. N'ayez pas peur d'entrer dans toutes les maisons pour parler de Dieu. »

Plus tard, sur une montagne, Pierre, Jacques et Jean voient Jésus devenir tout brillant de la lumière de Dieu.

« Celui-ci est mon Fils bien-aimé. Écoutez-le ! »

(Marc 9, 7)

130 - Quand Jésus rencontre les gens de son pays

Jésus va souvent dîner chez deux sœurs, Marthe et Marie. Un soir, Marthe est très en colère : « Marie est là, tranquille, à t'écouter. Et moi, je prépare le dîner toute seule. Elle pourrait faire quelque chose ! »

Mais Jésus dit à Marthe : « Tu te donnes beaucoup de mal pour ce dîner. Marie préfère m'écouter. C'est le plus important ! »

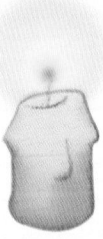

Quelle chaleur ! Il est midi. Le sable de la route brûle les pieds. Jésus est fatigué. Il s'assoit au bord d'un puits pendant que ses amis vont chercher de la nourriture au village le plus proche.

Une femme arrive pour puiser de l'eau. Jésus lui dit : « J'ai soif ! Donne-moi à boire… Merci pour cette eau. Si tu le désires, moi, je te donnerai l'eau qui fait vivre et tu n'auras plus jamais soif. »

« Si tu savais le don de Dieu. »

(Jean 4, 10)

134 - Quand Jésus rencontre les gens de son pays

À Jéricho, Zachée ramasse les impôts pour les Romains. Il est très riche. Les gens pensent qu'il triche. Personne ne l'aime. Aujourd'hui, Jésus est à Jéricho et tout le monde veut le voir. Zachée aussi voudrait voir Jésus, mais il est trop petit. Il grimpe dans un arbre pour mieux voir. Jésus lève les yeux vers lui : « Zachée, descends de ton arbre. Aujourd'hui, je vais chez toi. » Zachée n'a jamais été aussi heureux : « J'ai un invité dans ma maison ! »

Il ouvre sa porte toute grande. Mais certains habitants sont furieux. Zachée leur dit : « J'ai découvert l'amour de Jésus. Je vais donner la moitié de mon argent aux pauvres. Et si j'ai volé de l'argent à l'un d'entre vous, je lui en donnerai quatre fois plus. »

Un groupe de gens s'agite et crie : « Regarde, Jésus, cette femme a abandonné son mari. Elle vit avec un autre homme. » Certains veulent lui lancer des pierres. « Il faut la punir ! C'est une mauvaise femme ! »

Jésus dit : « Vous voulez la punir parce qu'elle a fait quelque chose de mal. Qui parmi vous n'a jamais rien fait de mal ? Celui-là peut lui jeter la première pierre. »
Alors, ils réfléchissent et, les uns après les autres, ils repartent chez eux. Jésus dit à la femme : « Lève-toi. Moi non plus, je ne te punis pas. Va et ne recommence pas. »

138 - Quand Jésus rencontre les gens de son pays

« Chut ! Allez jouer plus loin, les enfants. Jésus ne vous parle pas. » Jésus a tout entendu. Il se fâche : « Laissez-les venir près de moi. » Il dit aux enfants : « Approchez, venez tout devant. » Puis, il explique aux grands : « J'aime tous les enfants. Je leur réserve la première place près de moi. Soyez comme eux. »

Un jour, Jésus confie à ses amis :
« Quand vous priez, parlez à Dieu
comme à un papa, en disant :

"Notre Père qui es aux cieux,
que ton nom soit sanctifié,
que ton règne vienne.
Que ta volonté soit faite
sur la terre comme au ciel.
Donne-nous, aujourd'hui,
notre pain de ce jour.

Pardonne-nous nos offenses,
comme nous pardonnons aussi
à ceux qui nous ont offensés.
Et ne nous soumets pas
à la tentation,
mais délivre-nous du mal." »

CHAPITRE 7
Quand Jésus promet le bonheur

Quand Jésus promet le bonheur

Beaucoup de gens viennent écouter Jésus : ils ont entendu parler de tout le bien qu'il fait. Jésus leur dit des paroles extraordinaires, les Béatitudes :

« Dans le Royaume de Dieu
vous trouverez le bonheur.
Vous serez joyeux pour toujours.

Heureux ceux qui font la paix.
Ils sont les enfants de Dieu.
N'ayez pas peur : Dieu vous aime. »

(Matthieu 5, 3-12)

« Heureux les pauvres, le Royaume de Dieu est à vous. »

(Luc 6, 20-26)

Les gens se posent des questions : « De quel royaume parle Jésus ? Où est-il ? Qui y habite ? » Jésus leur explique tout cela avec des paraboles, il raconte de très belles histoires…

Le Royaume de Dieu, c'est comme un trésor, le plus beau et le plus précieux de tous les trésors. Il n'est pas caché dans un coffre-fort ! Il est dans le cœur de tous les hommes.

Pour le trouver, il faut découvrir les merveilles du cœur des autres. Jésus dit : « Vous critiquez tout. Vous dites du mal des autres. Regardez d'abord le mal que vous faites, vous, et essayez de devenir meilleurs. »

« Le Royaume de Dieu, c'est comme une toute petite graine de moutarde plantée dans un champ. Elle grandit et devient un arbre solide où se posent les oiseaux. »

« Un semeur sort pour semer. Il laisse tomber des graines au bord du chemin. Les oiseaux se régalent ! Des graines tombent sur une pierre. Elles sèchent et meurent. Des graines tombent dans des ronces. Elles sont étouffées. D'autres graines tombent dans la bonne terre. Celles-là poussent et donnent de très beaux fruits. » La parole de Dieu est comme cette graine : il faut l'accueillir dans son cœur et la laisser grandir.

148 - Quand Jésus promet le bonheur

« Va et toi aussi fais de même. »

(Luc 10, 37)

Un homme demande à Jésus : « Comment savoir qui il faut aimer ? » Jésus raconte alors cette histoire : « Un jour, sur la route, un voyageur se fait attaquer par des voleurs. Ils le battent, le laissent presque mort. Des gens du pays passent à côté de lui, ils le voient, mais personne ne s'arrête pour l'aider. Un étranger, un Samaritain, arrive et s'arrête.

Quand Jésus promet le bonheur - 149

Avec tendresse, il soigne le blessé, et le conduit dans une auberge. » « Alors, demande Jésus, qui a vraiment aimé le blessé ? » L'homme comprend qu'il doit aimer ceux qui en ont besoin, les amis comme les étrangers.

150 - Quand Jésus promet le bonheur

Dieu est comme un berger qui a cent brebis. Un jour, il en perd une dans la montagne. Il laisse alors toutes les autres pour aller la chercher. Lorsqu'il l'a trouvée, il la met sur ses épaules et il revient à la bergerie pour dire à ses amis : « Soyez joyeux avec moi ! J'ai retrouvé ma brebis perdue ! »

Une vieille dame compte ses pièces d'argent. « J'en ai perdu une ! » Aussitôt, elle allume toutes les lampes de sa maison et elle balaie partout. « La voilà ! Je l'ai retrouvée ! » Elle appelle vite ses voisines : « Venez faire la fête chez moi ! J'ai retrouvé la pièce que j'avais perdue. »

152 - Quand Jésus promet le bonheur

Un homme a deux fils. Un jour, le plus jeune lui dit : « Papa, je veux partir de la maison. Donne-moi ma part d'argent. » Loin de chez lui, il dépense tout en faisant des bêtises.

Quand il a dépensé tout son argent, il se retrouve tout seul. Il est triste. Il a faim. Pour gagner de quoi manger, il garde les cochons dans les champs.

154 - Quand Jésus promet le bonheur

Il se dit : « Je vais retourner chez mon père pour travailler comme un ouvrier. Au moins, j'aurai du pain. » Au bout du chemin, le père voit son fils. Il court à sa rencontre et le serre dans ses bras : « Mon fils ! Je t'attends depuis que tu es parti. Te voilà enfin ! Je n'ai jamais été aussi heureux. » « Venez tous faire la fête ! crie le père. Mon jeune fils est de retour. »

Mais le fils aîné fait la tête : « Ce n'est pas juste. Moi, j'ai toujours obéi à mon père et on n'a jamais fait de fête pour moi. » Son père va le chercher : « Tout ce que j'ai est à toi. Tu es avec moi tous les jours et je t'aime. Aujourd'hui, viens faire la fête avec nous. »

« Ton frère était perdu et il est retrouvé. »

(Luc 15, 32)

156 - Quand Jésus promet le bonheur

Le Royaume de Dieu est comme celui d'un roi juste et bon. Un de ses serviteurs doit lui rembourser beaucoup d'argent. Il se jette à ses pieds : « Attends encore un peu. Bientôt, je pourrai tout te rendre. Je te le promets. » Le roi est si bon qu'il accepte et le laisse partir.

Quand Jésus promet le bonheur - 157

Peu après, ce serviteur rencontre un ami qui lui doit, lui aussi, de l'argent. Il l'attrape : « Paie-moi tout de suite ce que tu me dois ! » Son ami le supplie : « Attends un peu. Bientôt, je pourrai tout te rendre. Je te le promets. »

Mais le serviteur le fait mettre en prison pour l'obliger à payer. Quand le roi découvre cela, il est très en colère. Il punit le serviteur et le met en prison jusqu'à ce qu'il lui ait tout remboursé.

Un père a deux fils. Il leur dit : « Allez travailler dans ma vigne. » « Non, je n'irai pas. Je n'ai pas envie », répond le premier. Comme il voit qu'il fait de la peine à son père, il part finalement travailler.
Le second fils répond : « Bien sûr ! J'y vais ! » En fait, il n'y va pas.

Jésus demande à ceux qui viennent d'écouter cette histoire : « À votre avis, lequel a fait la volonté du père ? »

160 - Quand Jésus promet le bonheur

« Heureux les invités au repas du Seigneur. »

(Apocalypse 19, 9)

« Le Royaume de Dieu, dit Jésus, c'est comme un grand banquet qu'un homme riche organise. Mais, quand le repas est prêt, tous les invités trouvent de bonnes excuses pour ne pas venir. »

« Puisque c'est comme ça, dit l'homme, j'invite tous les pauvres, les malades et les aveugles à venir à ma table. Ce sont eux mes invités. »

Jésus dit : « Tous les hommes sont les invités de Dieu dans son Royaume. Vous serez heureux quand vous répondrez à son invitation. »

CHAPITRE 8
Quand Jésus rend la vie plus belle

Pour montrer que l'amour de Dieu est plus fort que les maladies et les malheurs, Jésus fait souvent des choses extraordinaires, qu'on appelle des miracles.

Il y a un mariage à Cana. Jésus est invité avec Marie, sa maman. Le banquet est délicieux. Mais au milieu du repas, il n'y a plus de vin. La fête va être ratée. Marie dit aux serviteurs : « Voilà Jésus, mon fils. Faites tout ce qu'il vous dira. »

Jésus ordonne aux serviteurs : « Remplissez d'eau ces jarres. » Le maître de maison boit : « C'est incroyable ! C'est du vin ! Je n'en ai jamais bu d'aussi bon. » Tous les invités se régalent. La fête est réussie.

Un homme malade tombe à genoux, aux pieds de Jésus : « J'ai la lèpre. Regarde les blessures sur ma peau. J'ai mal. S'il te plaît, fais quelque chose. » Jésus regarde le lépreux avec amour. Il lui sourit, pose sa main sur lui et le guérit.

« Maintenant, rentre chez toi, lui dit Jésus, et ne raconte rien à personne. » Mais sur le chemin, l'homme saute et danse de joie. Il raconte à tout le monde ce que Jésus a fait pour lui.

« *Je le veux. Sois guéri.* »

(Luc 5, 13)

Jésus est entré dans une maison. Tous les habitants se bousculent devant la porte : « Poussez-vous, on veut voir Jésus nous aussi. » Un homme paralysé veut absolument voir Jésus. « Je suis sûr que Jésus peut me guérir ! » Ses amis font passer le brancard par le toit. Jésus lui dit : « Tes péchés sont pardonnés. »

Quand Jésus rend la vie plus belle - 169

Les gens disent : « C'est Dieu qui pardonne les péchés. » Alors Jésus dit : « Lève-toi, prends ton brancard et va dans ta maison. » Et l'homme se lève. Les gens n'en croient pas leurs yeux : « Qui donc est ce Jésus ? »

« Nous n'avons jamais rien vu de pareil. »

(Marc 2, 12)

170 - Quand Jésus rend la vie plus belle

C'est le soir. Jésus est dans une barque avec ses amis. Il dort tranquillement. Soudain, le ciel devient noir et le vent se lève. Quelle tempête ! Des vagues passent par-dessus bord. Les amis de Jésus sont effrayés : « Jésus ! Au secours, réveille-toi ! »

Quand Jésus rend la vie plus belle - 171

Jésus se relève et il commande au vent et à la mer de se calmer. Soudain, tout redevient calme. « C'est incroyable : il n'y a plus une seule vague ! » Ses amis sont très surpris : « Mais qui est-il donc ? Le vent et la mer lui obéissent ! »

« Qui donc est cet homme ? »

(Marc 4, 41)

172 - Quand Jésus rend la vie plus belle

Un homme en larmes court vers Jésus : « Ma fille est en train de mourir : viens vite, sauve-la ! » Jésus le rassure : « N'aie pas peur, sois confiant ! » Quand ils arrivent à la maison, tout le monde pleure. « Cette petite fille n'est pas morte, dit Jésus. Elle dort. » Il lui prend la main et dit : « Petite fille, lève-toi. » Alors la fillette se lève et se met à marcher. Les gens qui sont là sont très étonnés.

Un soir, une grande foule écoute Jésus. Ses apôtres sont inquiets : « Jésus, tous ces gens ne peuvent pas rentrer chez eux sans manger. » Jésus sourit : « Eh bien, faites-les dîner ! » « Nous n'avons que cinq pains et deux poissons, et ils sont des milliers ! »

« Donnez-leur vous-mêmes à manger. »
(Marc 6, 37)

Dans ses mains, Jésus prend les cinq pains et les deux poissons. Il remercie Dieu, partage les pains et les poissons, et les donne à ses amis pour qu'ils les distribuent à la foule.

Tout le monde mange. Il reste encore beaucoup de pain dans les corbeilles. Et tous, ils repartent chez eux le ventre plein et le cœur joyeux.

176 - Quand Jésus rend la vie plus belle

Une nuit, les amis de Jésus sont dans une barque. La mer est calme. La lune brille. Mais soudain, ils sont effrayés : « Regardez ! Quelqu'un marche sur l'eau ! » « Il vient vers nous. C'est incroyable ! » « Qui est-ce ? Mais, c'est Jésus ! » Pierre n'arrive pas à y croire.

Il dit à Jésus : « Si c'est bien toi, fais-moi marcher sur la mer avec toi. » « Viens », lui dit Jésus. Pierre sort de la barque et marche sur l'eau. Tout à coup, il a peur. Il s'enfonce dans l'eau. « Jésus, sauve-moi ! » Aussitôt Jésus le prend par la main. « Pourquoi ne m'as-tu pas fait confiance ! »

« Confiance, c'est moi, n'ayez pas peur. »
(Matthieu 14, 27)

Depuis un long moment, une femme suit Jésus. Les apôtres en ont assez : « Dis-lui de partir, Jésus. Elle nous fatigue ! Qu'elle se taise ! » Elle répète sans cesse : « Jésus, ma fille est malade. Guéris-la, même si je suis une étrangère. » Jésus la regarde : « Vraiment, tu as confiance en moi. Tout sera comme tu le veux. » Aussitôt sa fille est guérie.

Quand Jésus rend la vie plus belle - 179

On amène à Jésus un homme sourd et muet. Il regarde Jésus, les yeux pleins d'espérance. Jésus pose la main sur ses oreilles et sa bouche. Il prie Dieu et dit « Ephata », ce qui veut dire « Ouvre-toi ». Aussitôt ses oreilles s'ouvrent et il se met à parler. Ceux qui sont là sont dans la joie.

« Il fait entendre les sourds et parler les muets. »

(Marc 7, 37)

Quand Jésus rend la vie plus belle - 181

La foule crie : « Jésus arrive ! Il est là ! » Bartimée est aveugle. Assis au bord du chemin, il appelle : « Jésus, s'il te plaît, aide-moi. » « Tais-toi », lui disent les autres. Mais Bartimée crie encore plus fort. Jésus le fait appeler. Alors, d'un bond, il s'élance vers Jésus.

« Que veux-tu que je fasse pour toi ? » lui demande Jésus. « Je veux voir. » Alors Jésus lui répond : « Va, ta foi t'a sauvé. » Aussitôt, ses yeux s'ouvrent et il voit. Il suit Jésus avec les autres, sur le chemin.

« Confiance, lève-toi, il t'appelle. »
(Marc 10, 49)

182 - Quand Jésus rend la vie plus belle

Marthe est en larmes : « Mon frère Lazare vient de mourir. Tu aurais pu le sauver, Jésus, mais tu es arrivé trop tard. » Jésus pleure car son ami est mort.

Devant la tombe, Jésus prie Dieu puis il crie : « Lazare, viens dehors ! » Alors Lazare se relève et sort. Tous ceux qui sont là voient que Jésus est plus fort que la mort. Ils croient en lui.

CHAPITRE 9
Quand Jésus donne sa vie

186 - Quand Jésus donne sa vie

« Hosanna !
Béni soit celui
qui vient au nom
du Seigneur. »

(Marc 11, 9)

Jésus arrive à Jérusalem sur un petit âne, pour la fête de la Pâque ! Les habitants se bousculent pour le voir. Sur son passage, ils agitent des branches de palmiers et recouvrent le sol avec leurs plus beaux vêtements. Ils crient : « Vive Jésus ! C'est lui le Messie ! »

Jésus entre dans le Temple, il voit tous les marchands qui comptent leur argent. Il est très en colère. Il les chasse tous. « La maison de Dieu est une maison de prière et vous, vous en avez fait une caverne de voleurs ! »

Jésus sait qu'il va mourir. Pour fêter la Pâque, il organise un dernier repas avec ses amis. Il prend du pain, remercie Dieu. Il le partage : « Prenez et mangez : voici mon corps. Je vous le donne car je vous aime. » Jésus prend une coupe de vin, il remercie Dieu : « Prenez et buvez : voici mon sang. Je le donne pour tous les hommes. Plus tard, vous referez ces gestes en mémoire de moi. »

À la fin du repas, Jésus verse de l'eau dans une bassine et il lave les pieds de ses amis. Ils sont tous très étonnés : « Toi, notre Maître, tu veux nous laver les pieds ! » Jésus leur répond : « C'est pour vous servir que je suis venu au milieu de vous, car je vous aime. Plus tard, vous referez ce geste en mémoire de moi. »

Après le repas, Jésus dit : « Bientôt, je vais mourir. L'un de vous va me dénoncer. Maintenant, partons ! » Ils arrivent au jardin des Oliviers. Jésus a peur. Il est triste : « Ne vous endormez pas. Priez avec moi. » Mais ils s'endorment tous et Jésus reste seul à prier.

Un groupe de soldats arrive en courant. Jésus sursaute : « Ça y est ! On vient me chercher ! » En tête, il y a Judas : c'est lui qui a dénoncé Jésus. Les amis de Jésus ont peur : ils s'enfuient tous. Les soldats se jettent sur Jésus, comme s'il était un bandit.

On amène Jésus dans le palais du Grand Prêtre. Les gens se moquent de lui. Comme on ne trouve pas de vraies raisons de l'accuser, certains disent qu'il veut détruire le Temple. Jésus ne se défend pas. « Es-tu le Messie ? » lui demande le Grand Prêtre. « Oui, je le suis. » Tout le monde crie : « Menteur ! À mort ! »

Pendant que Jésus est jugé, Pierre s'approche du palais. Quelqu'un le reconnaît : « Toi, tu es de la bande de Jésus ! » Pierre a peur. Trois fois on l'accuse et trois fois il répond : « Non, je ne connais pas Jésus. » Soudain, Pierre entend un coq chanter. Il se souvient alors des paroles de Jésus : « Avant que le coq ne chante, tu m'auras renié trois fois. » Pierre se met à pleurer.

Jésus est conduit devant Pilate, le chef des Romains. Pilate ne trouve pas de raisons pour condamner Jésus. Il montre Jésus à la foule. Tous crient : « Crucifie-le ! Crucifie-le ! » Alors Pilate laisse condamner Jésus. Les soldats se moquent de Jésus. Ils l'habillent avec un manteau rouge.

Ils lui posent une couronne d'épines sur la tête. Ils lui crachent dessus et le frappent.
Jésus est chargé de sa croix. Elle est lourde ! Tout le monde se bouscule pour voir Jésus passer avec sa croix. Il a du mal à se frayer un chemin. Marie, sa maman, est là avec quelques femmes et d'autres amis. Ils pleurent.

« Père, pardonne-leur car ils ne savent pas ce qu'ils font. »
(Luc 23, 34)

« Père, entre tes mains, je remets mon esprit. »

(Luc 23, 46)

Jésus est mort sur la croix. Avant que la nuit ne tombe, ses amis viennent chercher son corps. Ils l'enveloppent dans un drap et le déposent dans un tombeau, creusé dans un rocher. Puis ils roulent une très grosse pierre devant l'entrée. Ils rentrent chez eux, tout tristes.

Trois jours plus tard, le dimanche matin, Marie Madeleine, une amie de Jésus, va au tombeau. Elle voit que la grosse pierre a été roulée sur le côté. Elle s'écrie : « Le corps de Jésus n'y est plus, c'est sûr, on l'a volé ! »

Marie Madeleine va vite le dire à Pierre et à Jean : « Le corps de Jésus n'est plus dans le tombeau ! » En entendant cette nouvelle, Pierre et Jean se précipitent au tombeau. Dans le tombeau, ils ne voient que le drap qui enveloppait le corps de Jésus.

« J'ai vu le Seigneur. »

(Jean 20, 18)

Au dehors, Marie Madeleine pleure. Un homme s'approche. Elle pense que c'est le jardinier mais l'homme l'appelle : « Marie Madeleine, pourquoi pleures-tu ? » Elle le reconnaît : « Jésus ! C'est toi ! Tu es vivant ! »

Le soir de ce jour-là, deux amis de Jésus marchent vers le village d'Emmaüs. Ils sont tristes. Ils parlent de la mort de Jésus.

Sur le chemin, un homme les rejoint. Quand ils arrivent dans le village, ils demandent à l'inconnu de rester pour le dîner. À table, l'homme prend du pain. Il le partage, puis le leur donne. Tout à coup, les deux amis le reconnaissent : « Jésus ! Tu es vivant ! » Mais il a déjà disparu…

Quand Jésus donne sa vie - 203

Sans attendre, les deux amis repartent à Jérusalem, tout joyeux, pour annoncer la grande nouvelle : « Nous avons rencontré Jésus, il est vivant ! »

« Le Seigneur est ressuscité. »

(Luc 24, 34)

204 - Quand Jésus donne sa vie

Comme avant, les amis de Jésus pêchent sur le lac de Galilée. C'est le matin, ils n'ont rien pris de toute la nuit ! Sur la plage, un homme appelle : « Auriez-vous quelque chose à manger ? » « Pas un seul poisson. » L'homme leur dit alors : « Retournez pêcher. Jetez vos filets à droite de la barque. La pêche sera bonne ! » Jean le reconnaît : « C'est Jésus ! »
Alors Pierre s'élance vers Jésus.

Avec tous les poissons qu'ils prennent, ils organisent un grand repas.
Puis Jésus se tourne trois fois vers Pierre : « Pierre, m'aimes-tu ? » « Oui, Jésus, tu sais bien que je t'aime. » Jésus dit à Pierre : « Pierre, je compte sur toi pour veiller sur mes amis. »

« Suis-moi. »

(Jean 21, 19)

CHAPITRE 10
Quand l'Esprit de Dieu envoie en mission

« Vous serez mes témoins... »

(Actes 1, 8)

Jésus emmène ses amis sur une montagne. Ils lui demandent : « Quand est-ce que viendra ton Royaume ? » « Je ne peux pas vous le dire maintenant. Mais bientôt, vous recevrez la force de l'Esprit Saint, et vous serez mes témoins sur toute la terre. » Après avoir dit cela, Jésus disparaît vers le ciel.

Les apôtres de Jésus ne sont plus que onze : il manque Judas, qui a trahi Jésus. « Il faut que nous soyons douze, comme avant », dit Pierre. Alors, tous ensemble ils prient, puis ils choisissent Matthias, qui a suivi Jésus depuis le début.

210 - Quand l'Esprit de Dieu envoie en mission

À Jérusalem, les amis de Jésus sont réunis dans une maison avec Marie. Soudain, ils entendent le bruit d'un vent furieux et ils voient comme des flammes descendre sur eux. C'est l'Esprit Saint que Jésus a promis et que Dieu leur envoie.

Les apôtres sortent dans la rue. Plus rien ne leur fait peur. Ils disent à tout le monde : « Jésus est ressuscité, nous l'avons vu, il est vivant. » Il y a là des gens de tous les pays qui parlent tous des langues différentes, et tous comprennent ce que disent les apôtres.

« Ce Jésus, Dieu l'a ressuscité, nous en sommes témoins. »

(Actes 2, 32)

Ceux qui croient en Jésus aiment se retrouver tous ensemble. Ils se réunissent dans des maisons. Ils écoutent les apôtres qui parlent de Jésus. Ils prient ensemble.

Quand l'Esprit de Dieu envoie en mission - 213

Ils partagent le pain comme Jésus l'a demandé. Et ils partagent aussi tout ce qu'ils ont pour que personne ne manque de rien. Ici, tout le monde est important.

214 - Quand l'Esprit de Dieu envoie en mission

« Au nom de Jésus, marche… »

(Actes 3, 6)

Devant le Temple, un homme infirme demande de l'argent. Pierre lui dit : « Je n'ai pas d'argent, mais ce que j'ai, je te le donne : au nom de Jésus, lève-toi et marche. » Aussitôt, l'homme se lève, il saute de joie et remercie Dieu. Beaucoup de gens viennent voir les apôtres pour être guéris. Quelle pagaille dans le Temple ! Cela ne fait pas plaisir à tout le monde !

Quand l'Esprit de Dieu envoie en mission - 215

Étienne est un ami de Jésus, il rend beaucoup de services et prend soin des pauvres. Quand il parle, tout le monde l'écoute. Certains sont jaloux. « Qu'il se taise, avec son Jésus, cela suffit. » Ils le tuent à coups de pierres. Étienne meurt en priant : « Jésus, pardonne-leur tout ce mal. »

Saul était là avec ceux qui ont tué Étienne. Et il continue à pourchasser ceux qui croient en Jésus. Un jour, sur la route de Damas, une grande lumière l'éblouit. Il entend une voix : « Saul, je suis Jésus, pourquoi me fais-tu du mal ? » Quand Saul se relève, il est aveugle.

On le conduit à Damas. Ananias, un ami de Jésus, le soigne. Il pose ses mains sur les yeux de Saul, et Saul voit. Ananias le baptise et, à partir de ce jour-là, il s'appelle Paul. Il annonce partout la Bonne Nouvelle de Jésus.

Une nuit, dans un rêve, Pierre voit Corneille, un soldat romain. Loin de là, Corneille fait aussi un rêve : il voit Pierre. Un peu plus tard, Pierre et Corneille se rencontrent pour de vrai ! Ils n'ont rien en commun, et pourtant, ils s'accueillent comme des amis.

Corneille veut être baptisé. Pierre hésite : peut-il baptiser un étranger, un soldat ennemi ? Finalement, Pierre accepte : Jésus est vivant pour tous les hommes.

Tous les apôtres se retrouvent à Jérusalem. Barnabé présente Paul. Certains sont étonnés de voir leur ancien ennemi avec eux. Paul veut parler de Jésus à tous les gens de la terre. Pierre aussi est d'accord pour parler de Jésus aux étrangers.

Avec tous les autres apôtres, ils prient et demandent à Dieu de les aider à trouver la meilleure façon de faire. Paul est envoyé en mission avec plusieurs compagnons : Barnabé, Silas, Tite, Timothée. Ils vont porter la Bonne Nouvelle à travers toute la terre.

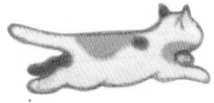

Paul va de village en village pour parler de Jésus. Il n'est jamais fatigué. Il lui arrive plein d'aventures ! Ceux qui accueillent la Bonne Nouvelle de Jésus s'appellent les chrétiens. Paul travaille et prie avec eux. Parfois Paul est bien accueilli, mais d'autres fois on se moque de lui, on le chasse ou on veut le tuer. Près de l'île de Crète, le bateau de Paul est pris dans la tempête. Le bateau coule ! Paul manque d'être noyé.

Partout où il passe, Paul baptise des hommes, des femmes et des enfants. Chez Lydie, Paul est invité. Il peut se reposer. Paul travaille avec ses compagnons. Son métier, c'est de coudre des toiles de tentes. Dans la synagogue, la maison de prière des Juifs, Paul explique la parole de Dieu.

« C'est Jésus qui vit en moi. »

(Galates 2, 20)

Si je dis de belles paroles, mais que je n'aime pas les autres, je suis comme un instrument de musique qui ne fait que des fausses notes.
Si je donne tout ce que j'ai aux pauvres mais que je n'aime pas les autres, ça ne sert à rien ! L'amour s'apprend lentement. L'amour ne fait rien de malhonnête. L'amour aime celui qui est juste. L'amour dure toujours.

Paul n'aime pas que les nouveaux chrétiens se sentent seuls. Il leur écrit de longues lettres pleines de conseils, qui donnent envie de croire en Dieu et de vivre heureux.

Quand les chrétiens reçoivent une lettre, ils en prennent bien soin et la relisent souvent ensemble. Les autres apôtres, Pierre, Jacques et Jean, ont aussi écrit de très belles lettres.

Un jour, Paul est arrêté. Des soldats l'emmènent à Rome pour qu'il soit jugé. Ce sera la fin de son voyage.

> « Et moi, je suis avec vous tous les jours jusqu'à la fin des temps. »
>
> (Matthieu 28, 20)

Après les apôtres, après Paul et ses compagnons, les chrétiens continuent de se réunir pour prier Jésus. Jésus veut rassembler tous ceux qu'il aime, c'est la grande famille de Dieu.

L'Église, c'est comme une grande foule qui marche vers Dieu, pour une grande fête. Tout le monde est invité !

Noms des personnages, des lieux et des événements

(Cet index a été inséré à l'intention des parents.)

Abel . *p. 16-17*
Abel est le deuxième fils d'Adam* et Ève*. Il garde les troupeaux de moutons dont il offre à Dieu les premiers agneaux. Dieu aime l'offrande d'Abel et tourne vers lui son regard. Son frère Caïn* en est très jaloux. Il entraîne Abel dans les champs, il l'attaque et le tue.

Abraham . *p. 24-25, 26, 35*
Chef d'un clan de bergers en Mésopotamie, Abraham est choisi par Dieu pour être le père de tous les croyants. Dieu lui promet une terre et une descendance nombreuse. Abraham quitte son pays avec sa famille et ses troupeaux pour aller vers le pays que Dieu lui donne, Canaan*. Bien qu'il soit très vieux et sans enfant, Dieu lui donne un fils, Isaac*. Abraham a toujours obéi et fait confiance à Dieu.

Adam . *p. 12-13, 14-15, 16*
Adam est le premier homme, modelé par Dieu avec de la terre. Son nom signifie « terre rouge ».
De sa côte, Dieu façonne la femme, Ève*. Tous deux vivent dans le jardin que Dieu leur a donné. Un jour, tentés par le serpent, ils désobéissent à Dieu en mangeant du fruit défendu, celui de l'arbre de la connaissance du bien et du mal. Ils doivent quitter le jardin. Ainsi commence le périple de l'humanité sur la terre. Jésus représente le nouvel Adam obéissant jusqu'à la mort. En ressuscitant, il a vaincu la mort.

Amos . *p. 76, 82*
Amos vit vers l'an 750 avant Jésus-Christ, dans le royaume du Nord d'Israël, alors riche et prospère. Il est prophète, c'est-à-dire messager de Dieu. Il dénonce l'injustice des riches vis-à-vis des pauvres, et annonce le châtiment de Dieu sur Israël si les hommes ne changent pas leur façon de vivre.

Ananias . *p. 217*
Ananias est un chrétien vivant à Damas, dans l'actuelle Syrie. Il entend la voix de Jésus qui l'envoie à la rencontre de Paul*, le persécuteur des chrétiens. Ananias accueille et guérit Paul qui était devenu aveugle après avoir eu une vision de Jésus ressuscité, et il le baptise.

André . *p. 122*
Avec son frère Simon Pierre*, André est pêcheur sur le lac de Tibériade. Un jour, Jésus l'appelle pour être son disciple.
Laissant son filet et sa barque, il le suit et entraîne son frère Simon Pierre. L'un et l'autre deviennent les apôtres de Jésus.

Ange Gabriel . *p. 98-99*
Gabriel est un ange, il est le messager de Dieu qui annonce la venue d'un Messie. Il apparaît déjà dans l'Ancien Testament au prophète Daniel*, puis à Zacharie*, le père de Jean-Baptiste*, et surtout à Marie* pour lui annoncer qu'elle sera la mère de ce Messie, Jésus, le Sauveur.

Arche d'Alliance . *p. 49, 53, 65, 69*

Après avoir reçu de Dieu les dix commandements gravés sur des tables de pierre, Moïse* les dépose dans un grand coffre en bois recouvert d'or et surmonté de deux anges en or, fabriqué selon les recommandations de Dieu. Cette arche est le signe de la présence de Dieu au milieu de son peuple. Elle accompagne les Hébreux pendant toute leur marche à travers le désert, jusqu'à leur arrivée en Canaan*. Puis le roi David* la fait entrer triomphalement à Jérusalem*, et son fils, le roi Salomon, fait construire un temple somptueux pour accueillir l'Arche d'Alliance.

Ascension . *p. 208-209*

Quarante jours après sa résurrection, Jésus monte avec quelques-uns de ses disciples sur le Mont des Oliviers*, près de Jérusalem*. Après leur avoir promis de leur envoyer son Esprit Saint pour qu'ils soient ses témoins sur toute la terre, Jésus est élevé au ciel et il disparaît à leurs yeux.

Babel . *p. 22-23*

Les descendants de Noé* veulent construire une tour gigantesque pour atteindre le ciel. Dieu arrête leur travail en leur faisant parler des langues différentes. On fait remonter à ce moment-là la dispersion des hommes sur toute la terre. En hébreu, *babel* signifie « confusion ».

Babylone . *p. 83, 84*

Babylone est une ville très ancienne sur les bords de l'Euphrate, dans l'Irak actuel. Sous le roi Nabuchodonosor II, en 587 avant Jésus-Christ, les Hébreux y sont déportés après la ruine de Jérusalem. Ce souvenir a fait de Babylone le symbole du mal dans la Bible.

Barnabé . *p. 220-221*

Barnabé signifie « l'homme du réconfort ». Les disciples surnomment ainsi Joseph, un juif originaire de Chypre, devenu chrétien lui aussi. C'est lui qui accueille Paul* nouvellement converti. Il l'accompagne dans ses voyages en Asie Mineure. Il est envoyé à Antioche. Après un désaccord avec Paul, Barnabé se sépare de lui et va évangéliser Chypre.

Bartimée . *p. 180-181*

Bartimée, fils de Timée, est un mendiant aveugle qui vit à la sortie de la ville de Jéricho*. Un jour, alors que Jésus passe, Bartimée l'appelle : « Jésus, Fils de David, aie pitié de moi ! » Il est guéri par Jésus et se met à le suivre.

Béatitudes . *p. 142*

Devant une foule nombreuse qui le suivait, Jésus enseigne la voie du vrai bonheur, celui des pauvres et des petits, et non le bonheur matériel des riches et des puissants. Ce discours sur la montagne apparaît comme la loi d'une nouvelle alliance où l'amour est premier.

Bethléem . *p. 102, 106, 108*

Bethléem est une petite ville de Judée, située au sud de Jérusalem*. C'est la ville du roi David*. Joseph*, descendant de David, et Marie* son épouse s'y rendent pour le recensement ordonné par l'empereur César. C'est là que Jésus vient au monde.

Bethsabée . *p. 66-67*

Bethsabée est la femme d'Uri*, un général de l'armée de David*. David est séduit par sa beauté, et il envoie son mari à la guerre pour qu'il se fasse tuer et pour pouvoir épouser Bethsabée. David demande pardon à Dieu pour ce crime. Dieu lui pardonne et Bethsabée donne à David un fils, Salomon*.

Caïn . *p. 16-17*
Caïn est le fils aîné d'Adam* et Ève*. Il cultive la terre. Il est jaloux de son frère Abel* qui est berger, et il le tue. Dieu condamne Caïn à être errant et vagabond sur la terre. Mais, ayant entendu son repentir, Il met sur lui un signe pour le protéger de ceux qui voudraient porter la main sur lui.

Cana . *p. 164-165*
C'est dans ce village de Galilée que Jésus accomplit son premier miracle en changeant l'eau en vin au cours d'un repas de noces.

Canaan . *p. 54*
Quand Dieu fait alliance avec Abraham*, il lui promet une descendance et une terre pour s'établir. Cette Terre Promise est celle où Moïse* conduit le peuple hébreu après la sortie d'Égypte*. C'est le pays où a vécu Jésus. Il se situe dans l'État d'Israël et la Palestine actuels.

Commandements
(les dix) . *p. 46-47, 48-49*
Peu après la sortie d'Égypte des Hébreux et le passage de la mer Rouge*, Dieu donne une loi à Moïse* sur la montagne du Sinaï. Gravées sur des tables de pierre, ces dix paroles – en grec *décalogue* – scellent l'Alliance de Dieu avec les hommes. Le peuple hébreu organise sa vie à partir de celles-ci.

Corneille . *p. 218-219*
Corneille est un centurion romain vivant à Césarée, une ville de la côte. Il respecte et aime le Dieu d'Israël. Un ange du Seigneur lui apparaît et lui demande de rencontrer l'apôtre Pierre. Il demande le baptême avec toute sa famille. C'est la première fois que des non-juifs reçoivent le baptême.

Création . *p. 10-11, 12-13*
La création du monde est racontée dans deux récits de la Genèse, le premier livre de la Bible. Ces récits, écrits au Xe et au Ve siècle av. J. C., ne sont pas des traités scientifiques. Ils révèlent une vision spirituelle et religieuse d'un monde dans lequel Dieu confie à l'homme sa création.

Dalila . *p. 56-57*
Cette femme philistine séduit Samson*, un fort guerrier hébreu. Les Philistins sont les ennemis des Hébreux. Pendant que Samson dort, Dalila lui coupe les cheveux, signe de sa consécration à Dieu et source de sa force surhumaine. Puis elle livre Samson aux Philistins.

Damas . *p. 216-217*
Actuellement en Syrie, Damas est l'une des plus anciennes villes du monde. Au temps de Jésus, il existe déjà des communautés juives à Damas. Très vite, l'Évangile y est annoncé et une petite Église locale s'y constitue avant l'arrivée de Paul*. C'est sur le chemin de Damas que Jésus se révèle à Paul.

Daniel . *p. 76, 84-85, 86-87*
Son nom signifie « Dieu est mon juge ». Daniel est un jeune israélite, serviteur à la cour de Babylone. Il interprète les songes du roi et prédit l'avenir de l'empire. Il reste toujours fidèle à sa religion, malgré les interdictions en vigueur dans le pays. Pour cela, il subit plusieurs supplices, il est jeté dans une fournaise et dans une fosse aux lions, mais il en ressort vivant en chantant et louant Dieu.

Darius . *p. 84, 86-87*
Ce roi de Babylone* au VIe siècle av. J. C. est mentionné dans la Bible comme « fils

231. Index

d'Assuérus, de la race des Mèdes », mais il n'est pas connu des historiens. Darius choisit Daniel*, un jeune israélite, comme ministre. Grâce à lui, il permet aux Juifs de pratiquer leur religion en toute liberté.

David . *p. 60-61, 62-63, 64-65, 66-67, 68, 72, 98*

David est un berger de Bethléem* choisi par Dieu et désigné par le prophète Samuel* pour devenir le deuxième roi d'Israël*. Il succède au roi Saül. Il est musicien et poète, habile en politique et glorieux chef de guerre. Il fait de Jérusalem sa capitale politique et religieuse. Il a écrit de nombreux psaumes* pour célébrer Dieu. C'est de sa descendance que doit naître le Messie. Jésus est appelé « fils de David ».

Déluge . *p. 18-19, 20-21*

Le premier livre de la Bible, la Genèse, raconte le Déluge. L'eau recouvre toute la terre et noie la création, à l'exception de Noé, sa famille et un couple de tous les animaux, réfugiés dans l'arche. Après 40 jours, les eaux se retirent et la vie peut renaître : l'arc-en-ciel, pont jeté entre le ciel et la terre, devient le signe de l'alliance entre Dieu et les hommes.

Égypte . *p. 29, 32-33, 34-35, 36-37, 38-39, 40-41, 42, 45, 109*

À la suite d'une grande famine, les fils de Jacob* se réfugient en Égypte. On les appelle les Hébreux. Quelques siècles plus tard, le pharaon les réduit en esclavage. C'est Moïse* qui libère le peuple et le fait sortir d'Égypte. Le passage de la mer Rouge est le passage de l'esclavage à la liberté.

Élie . *p. 76-77, 78*

Élie est un grand prophète dans le royaume du Nord d'Israël, au IXe siècle av. J. C. Il combat les prophètes des dieux baals. À la fin de sa vie, il est emporté au ciel dans un char de feu. Élisée lui succède.

Élisabeth . *p. 100-101*

Élisabeth est mariée avec Zacharie*. Ils n'ont pas d'enfant jusqu'au jour où l'ange Gabriel* annonce à Zacharie qu'il va avoir un fils, appelé Jean, qui préparera la venue de Jésus*. Quand Marie attend Jésus, elle va chez Élisabeth. Dès qu'elle voit sa cousine, l'enfant bondit de joie dans le ventre d'Élisabeth.

Élisée . *p. 76, 78-79*

Élisée est un prophète au IXe siècle av. J. C. Il est le disciple et le successeur du grand prophète Élie*. Lui aussi lutte contre les idolâtries qui agitent le royaume du Nord d'Israël.

Emmaüs . *p. 201*

C'est dans ce village situé non loin de Jérusalem*, que Jésus se manifeste à deux disciples le soir de Pâques*, après sa résurrection. Après avoir marché et parlé avec eux, il partage le pain, et à ce geste, les disciples le reconnaissent. Alors Jésus disparaît à leurs yeux.

Ésaü . *p. 26*

Ésaü, est le frère jumeau de Jacob*, fils d'Isaac*, mais il est considéré comme l'aîné et il doit succéder à Isaac. Par ruse, Jacob prend sa place.

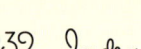

Étienne. *p. 215-216*
Étienne est un Juif d'origine grecque vivant à Jérusalem. Il se convertit au christianisme et devient l'un des premiers diacres. Il aide les apôtres au service de la communauté. Il proclame sa foi haut et fort et appelle les Juifs à se convertir, au point que le Grand-Conseil juif le condamne à mort par lapidation. Il est tué à coups de pierres, c'est le premier martyr.

Ève. *p. 13, 14-15, 16*
Son nom signifie « la vivante ». On l'appelle aussi la mère des vivants. Avec Adam*, elle mange du fruit défendu de l'arbre de la connaissance du bien et du mal. Tous deux sont chassés du jardin d'Éden*.

Goliath. *p. 62-63*
Goliath est un soldat philistin, ennemi des Hébreux et remarquable par sa taille de géant. David encore jeune relève son défi en acceptant de combattre contre lui. Il le tue avec sa fronde.

Hérode. *p. 106, 108-109, 111*
Hérode le Grand est gouverneur de Galilée. À l'annonce de la naissance de Jésus, inquiet pour son trône, il ordonne le massacre de tous les nouveau-nés de Bethléem*. Il règne d'un pouvoir absolu et sanguinaire.

Isaac. *p. 26, 35*
Isaac est le fils d'Abraham* et de Sarah*, promis par Dieu dans leur vieillesse. Son nom signifie « Dieu sourit ». Dieu demande à Abraham de lui sacrifier ce fils unique, mais il sauve Isaac en envoyant un bélier pour le sacrifice.

Isaïe. *p. 76, 94*
Le plus grand de tous les prophètes, Isaïe vit au VIIIe siècle av. J. C. dans le royaume de Juda, au sud d'Israël. Il met en garde contre l'injustice et le manque de confiance en Dieu. Il annonce la venue d'un Sauveur « Emmanuel », c'est-à-dire « Dieu avec nous ».

Israël. *p. 76, 83, 84*
Israël est d'abord le nom donné à Jacob*. Il devient le nom de sa descendance lorsque celle-ci s'installe en Canaan*, la Terre Promise. On appelle « Royaume d'Israël » le Royaume du Nord, séparé du Royaume du Sud vers 933 av. J. C. Plus tard, le nom d'Israël s'étend à tout le peuple hébreu, les « Israélites ».

Jacob. *p. 26-27, 29, 35*
Il est le fils d'Isaac*, le petit-fils d'Abraham*. Il supplante son frère jumeau Ésaü*. Il a douze fils qui formeront les douze tribus d'Israël*. Il reçoit le nom d'Israël quand il combat avec l'ange de Dieu. Son nom signifie « fort contre Dieu ».

Jacques. *p. 129, 225*
Il est le frère de Jean*, fils de Zébédée. Tous deux sont pêcheurs sur le lac de Tibériade*. Jésus les appelle tous les deux et ils le suivent aussitôt. Jacques fait partie des apôtres les plus proches de Jésus ; il est ensuite l'un des chefs de l'Église primitive. Il meurt martyr à Jérusalem*.

Jardin des Oliviers. *p. 190-191*
Ce jardin est situé à l'extérieur de Jérusalem, au pied des remparts. Jésus s'y retire souvent avec ses disciples pour prier. C'est là qu'il est arrêté la veille de sa mort. C'est là aussi qu'il monte aux cieux quarante jours après sa résurrection.

Jean. *p. 129, 199, 225*
Jean est le plus jeune apôtre, et « celui que Jésus aimait ». Il est présent au pied de la croix. Jésus lui confie Marie* sa mère. Le matin de Pâques*, Jean découvre avec Pierre*

233 . Index

le tombeau vide, et il croit immédiatement en la résurrection de Jésus. Il est désigné comme l'auteur d'un évangile, de trois lettres et du livre de l'Apocalypse. Il finit sa vie à Éphèse.

Jean le Baptiste .
p. 115-116, 128

Jean Baptiste naît alors que sa mère Élisabeth* est déjà âgée. Sa naissance est annoncée par l'ange Gabriel* à son père Zacharie*. Il se retire assez vite dans le désert, se nourrissant de sauterelles et de miel sauvage. Il annonce la venue de Jésus. C'est pourquoi il est considéré comme le dernier des prophètes. C'est lui qui baptise Jésus dans les eaux du Jourdain*. Il est emprisonné peu de temps après par le roi Hérode-Antipas et meurt décapité.

Jérémie . *p. 76, 80*

Prophète au VIIe et VIe siècle av. J. C., Jérémie prédit des malheurs imminents pour le peuple si celui-ci ne se convertit pas bientôt. Finalement, Jérusalem est occupée et détruite par Nabuchodonosor, roi de Babylone, et les habitants de Jérusalem* sont déportés à Babylone*.

Jéricho . *p. 54-55, 134*

Cette ville de la vallée du Jourdain*, au nord-est de Jérusalem*, est prise par les Hébreux qui font écrouler ses murailles après avoir tourné sept fois autour de la ville. Jésus y passe plusieurs fois pour guérir des malades et des aveugles ; il y rencontre Zachée*, un riche publicain qui se convertit.

Jérusalem . *p. 64-65, 69, 83, 106, 112-113, 186, 203, 210, 220*

Construite sur la colline de Sion, Jérusalem est une ville très ancienne. David* s'en empare vers 1000 av. J. C. Il en fait sa capitale et y installe l'Arche d'Alliance. Son fils Salomon* construit le Temple. En 587 av. J. C., Nabuchodonosor détruit la ville et déporte sa population à Babylone*. Jérusalem devient la cité mère vers laquelle les Juifs en exil tournent tous leurs espoirs. Elle est présentée par les prophètes comme la ville sainte. Plus tard, Jérusalem redevient le grand centre spirituel des Juifs. Jésus y vit de nombreux épisodes de sa vie publique et y meurt crucifié. Jérusalem est pour les chrétiens le symbole de la cité de Dieu, la « Jérusalem céleste ».

Jessé . *p. 60-61*

Jessé est un riche propriétaire terrien vivant à Bethléem*. Il a huit fils, dont le plus jeune, David*, devient roi d'Israël.

Job . *p. 92-93*

Job est un homme riche et heureux qui perd d'un coup tout ce qu'il a. Dans sa révolte, il crie vers Dieu, mais il n'accuse pas Dieu et continue à espérer. Finalement, Dieu lui redonne une vie nouvelle. Le Livre de Job est une grande interrogation sur le mal et la souffrance, en forme de poème tragique.

Jonas . *p. 76, 88-89, 90-91*

Dieu envoie Jonas à Ninive pour dire à ses habitants de se convertir. Jonas ne veut pas et s'enfuit en bateau. Il essuie une grosse tempête qui l'envoie tout droit dans le ventre d'un poisson. Il y reste trois jours pendant lesquels il demande pardon à Dieu. Finalement rejeté sur la plage, il va à Ninive. Les habitants se convertissent et Dieu renonce à détruire la ville.

Joseph . *p. 98-99, 102-103, 105, 109, 111, 112-113, 114*

Joseph est un descendant de David*. Il est charpentier à Nazareth* et fiancé à Marie*. L'ange Gabriel* lui apparaît en songe pour lui annoncer la naissance de Jésus. Joseph devient le père adoptif de Jésus. Il conduit Marie et Jésus en Égypte pour échapper au massacre ordonné par Hérode*. On le retrouve quand Jésus a douze ans, pour le pèlerinage à Jérusalem au cours duquel Joseph et Marie retrouvent Jésus dans le Temple, expliquant la Bible aux grands prêtres.

Joseph (fils de Jacob) .
p. 27, 28-29

Fils de Jacob* et de Rachel, Joseph est le préféré de son

234. Index

père. Ses frères jaloux le vendent à des marchands égyptiens. Plus tard, il devient premier ministre de Pharaon. Il est chargé de l'intendance du royaume et sauve le pays d'une grande famine. Quand ses frères viennent en Égypte trouver refuge contre la famine, il les accueille et leur pardonne leur méchanceté.

Jourdain . *p. 115-116*

Le Jourdain est le fleuve qui parcourt toute la Terre Promise du nord au sud. Il traverse le lac de Tibériade* et se jette dans la mer Morte. C'est dans le Jourdain que Jean* baptise Jésus.

Judas . *p. 191, 209*

Judas est un des douze apôtres choisis par Jésus. Il trahit Jésus en le livrant aux chefs des prêtres. Après quoi, il se pend de désespoir.

Lac de Galilée

ou Lac de Tibériade . *p. 121, 170-171, 176-177, 204-205*

Le lac de Galilée, aussi appelé lac de Tibériade, est un grand lieu de pêche et de commerce. Les tempêtes y sont impressionnantes. C'est au bord de ce lac que Jésus appelle les apôtres Pierre*, André*, Jacques* et Jean*. C'est là aussi que Jésus apaise la tempête et qu'il appelle Pierre à marcher, comme lui, sur les eaux.

Lazare . *p. 182-183*

Lazare est un ami de Jésus. Il est le frère de Marthe* et Marie* qui vivent à Béthanie, près de Jérusalem. Il tombe malade, et quand Jésus arrive, il est mort et déjà déposé dans un tombeau. Jésus le ramène à la vie, annonçant ainsi sa propre résurrection.

Lydie . *p. 223*

Lydie est une riche marchande de pourpre dans la ville 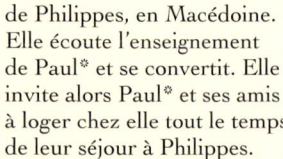 de Philippes, en Macédoine. Elle écoute l'enseignement de Paul* et se convertit. Elle invite alors Paul* et ses amis à loger chez elle tout le temps de leur séjour à Philippes.

Mages . *p. 106*

Les mages, ou rois mages, c'est le nom des savants venus d'Orient pour saluer l'enfant Jésus, en suivant une étoile apparue dans le ciel, signe de la naissance d'un roi. Ils apportent de l'or, de l'encens et de la myrrhe. Leurs noms, Gaspar, Melchior et Balthazar, ne figurent pas dans les évangiles, mais viennent d'une tradition du VIIe siècle.

Marie . *p. 98-99, 100-101, 102-103, 105, 109, 111, 112-113, 114, 164, 195, 210*

Marie de Nazareth* est fiancée à Joseph* quand elle reçoit la visite de l'ange Gabriel* qui lui annonce qu'elle sera la mère du Sauveur. Elle dit oui à l'ange. Au pied de la croix, Jésus la confie à Jean*, son disciple bien-aimé, et en fait ainsi la mère de tous ses disciples. L'Église la vénère comme la mère de Dieu.

Marie Madeleine

. *p. 198-199, 200*

Marie Madeleine tient son nom de Magdala, la ville où elle vivait, sur les bords du lac de Tibériade*. C'est là que Jésus la rencontre et chasse d'elle sept démons. Elle est présente

au pied de la croix et à la mise au tombeau de Jésus. Le lendemain, en venant embaumer le corps de Jésus, elle trouve le tombeau vide. C'est la première personne à qui Jésus ressuscité apparaît. Elle l'annonce tout de suite aux disciples.

Marthe et Marie .
p. 130-131, 182
Marthe et Marie sont les deux sœurs de Lazare*. Elles habitent à Béthanie, près de Jérusalem et sont de grandes amies de Jésus. Un jour où elles le reçoivent chez elles, Marthe se plaint de devoir tout préparer tandis que Marie écoute Jésus. Alors Jésus lui explique que Marie a choisi la meilleure place, et qu'elle ne lui sera pas enlevée.

Matthias . *p. 209*
Matthias suit Jésus depuis le début. Après la mort de Jésus, les apôtres le choisissent pour remplacer Judas, celui qui a trahi Jésus. Il aurait évangélisé la Turquie et serait mort martyr.

Matthieu . *p. 123*
Matthieu s'appelait d'abord Lévi. Il habite à Capharnaüm, au bord du lac de Tibériade, où il est collecteur d'impôts pour les occupants romains. Jésus l'appelle alors qu'il est à sa table de travail, et Matthieu le suit aussitôt. Après la mort de Jésus, il écrit un évangile. Il aurait évangélisé l'Éthiopie et serait mort martyr.

Moïse . *p. 33, 34-35, 36, 38, 40, 43, 44-45, 46, 48-49, 51*
Alors que les Hébreux sont esclaves en Égypte*, Moïse est sauvé d'un massacre ordonné par Pharaon en étant caché dans un panier déposé sur le Nil. Il est trouvé par une princesse et élevé comme son fils adoptif. Révolté par l'esclavage de son peuple, il doit fuir au désert. Le Seigneur lui parle alors et l'envoie sauver les Hébreux de l'esclavage. Moïse conduit donc, après de grandes difficultés, le peuple hébreu vers la terre promise par Dieu. Sur la montagne du Sinaï, il voit Dieu face à face. Par son intermédiaire, Dieu conclut une alliance avec le peuple hébreu et lui transmet ses dix commandements*. Moïse n'entre pas en Terre Promise, Canaan*, mais il peut la contempler du haut du mont Nébo où il meurt en ayant accompli sa mission.
Moïse est considéré par les Juifs comme le plus grand des prophètes et des patriarches.

Myriam . *p. 33*
Myriam est la grande sœur de Moïse*. Quand sa maman met Moïse dans un panier sur le Nil pour le protéger du massacre ordonné par Pharaon, Myriam se cache entre les roseaux pour surveiller le panier. Elle est aux côtés de Moïse pendant toute la marche du peuple dans le désert.

Naaman . *p. 79*
Naaman est un général de l'armée de Damas* au IXe siècle av. J. C. Atteint de la lèpre, il va trouver le prophète Élisée* pour se faire guérir. Élisée* n'hésite pas à intervenir pour un étranger. Une fois guéri,

Naaman promet de n'offrir de sacrifice à aucun autre dieu que le Dieu des Hébreux.

Nathan . *p. 67*
Nathan est prophète au temps du roi David* vers l'an 1000 av. J. C.
Il fait de violents reproches à David quand celui-ci envoie Uri* se faire tuer au combat et lui prend sa femme Bethsabée*. Il conseille David tout au long de son règne et l'encourage à donner sa succession à son fils Salomon*.

Nazareth . *p. 98, 111, 120*
Nazareth est un village de Galilée. C'est la ville natale de

Marie. Joseph y est charpentier. Ils y vivent avant la naissance de Jésus, puis reviennent y habiter avec Jésus à leur retour d'Égypte. C'est là que Jésus passe son enfance. Quand, adulte, il y revient pour proclamer qu'il est le Messie, les habitants de Nazareth le rejettent.

Ninive . *p. 88, 91*
Ancienne ville d'Assyrie, en actuel Irak, sur les bords du Tigre, Ninive est plusieurs fois dans la Bible l'objet de malédictions. Devant la méchanceté de ses habitants, Dieu y envoie le prophète Jonas*. Toute la ville se repent et se convertit, et Dieu pardonne à Ninive.

Noé . *p. 18-19, 20-21, 22*
Noé est un descendant de Seth, le troisième fils d'Adam* et Ève*. Lui et sa famille sont justes et aiment Dieu. Quand Dieu décide d'envoyer le Déluge* sur la terre, il remarque Noé et lui demande de construire un bateau, l'arche dans laquelle il sauve un couple de chaque espèce animale.

Noël . *p. 102-103, 104-105, 106-107*
Le mot « Noël » vient du latin *Dies natalis Domini* qui signifie « le jour de la Naissance du Seigneur ». Il désigne la naissance de Jésus, à Bethléem*. Les évangiles ne précisent ni le jour ni l'heure. À l'occasion d'un recensement ordonné par l'empereur romain César Auguste, Marie* et Joseph* doivent se rendre à Bethléem, ville d'origine de Joseph. À cause de l'affluence nombreuse, il n'y a plus de place dans l'auberge et Marie doit accoucher dans une étable, sans doute le seul lieu un peu tranquille que Joseph ait trouvé. La naissance de Jésus est proclamée par des anges et annoncée aux bergers des environs qui viennent voir l'enfant. En même temps, une étoile guide trois mages venus d'Orient jusqu'à Bethléem.

Osée . *p. 76, 81*
Osée est un prophète d'Israël, vers 750 av. J. C. Il dénonce surtout le culte de Baal, une idolâtrie répandue à cette époque, qui encourage la prostitution sacrée. Malgré tout, Osée croit que Dieu aime encore son peuple infidèle. Il compare Dieu à une mère qui traite avec tendresse son enfant ou à un père qui continue d'aimer son fils rebelle.

Pâques . *p. 37, 38-39, 40-41, 42, 186, 188, 198-199, 200*
La fête de la Pâque juive fait mémoire de la libération du peuple hébreu de l'esclavage en Égypte, et en particulier du passage de la mer Rouge. Le repas pascal est le rappel du repas pris en hâte par le peuple hébreu avant d'entamer sa longue marche à travers le désert vers la Terre Promise. Comme chaque Juif, Jésus et ses disciples célèbrent la fête de la Pâque. C'est au cours du repas pascal que Jésus institue l'Eucharistie. Pour les chrétiens, la fête de Pâques célèbre la mort et la résurrection de Jésus-Christ. Sa Pâque, son passage par la mort, nous libère du mal et du péché et nous ouvre à la vie plus forte que la mort.

Paul . *p. 216-217, 220-221, 222-223, 224-225, 226*
Il s'appelle d'abord Saul ; il est Juif et citoyen romain et persécute les premiers chrétiens. Il est présent quand Étienne* est lapidé. Il se convertit brutalement alors qu'il se rend à Damas* pour y persécuter les chrétiens. Jésus lui apparaît dans une violente lumière qui le fait tomber par terre et le rend aveugle pour quelque temps. Saul reçoit le

baptême et prend le nom de Paul. Il devient un vigoureux défenseur de la foi chrétienne. Paul parcourt toute l'Asie Mineure et la Grèce pour y fonder des communautés chrétiennes à qui il écrit ensuite de nombreuses lettres. Il est arrêté et envoyé à Rome où il meurt décapité vers 65 après J. C.

Pentecôte. *p. 210-211*
Pentecôte vient du mot grec qui signifie « cinquante ». Cinquante jours après Pâques*, les apôtres reçoivent le don de l'Esprit Saint. Ils sortent dans Jérusalem* et annoncent à pleine voix la mort et la résurrection de Jésus.

Pharaon. *p. 29, 32, 33, 36-37, 39*
Le pharaon est le roi d'Égypte. Il est considéré par les Égyptiens comme un dieu. À l'époque de Moïse*, le pharaon s'appelle Ramsès II. Quand Moïse fait sortir d'Égypte son peuple en traversant la mer Rouge à pied sec, Dieu rabat la mer sur les Égyptiens qui les poursuivent. Dieu est vainqueur de Pharaon et de toute son armée. Pour les Hébreux, Pharaon représente le mal.

Pierre. *p. 122, 128-129, 176-177, 193, 199, 204-205, 209, 214, 218-219, 220, 225*
Il s'appelait Simon. Il était pêcheur sur le lac de Tibériade avec son frère André*. Il est le premier à reconnaître Jésus comme le Christ, Fils de Dieu. Jésus lui donne le nom de Pierre pour annoncer qu'il sera la pierre sur laquelle s'appuiera toute l'Église. Après la Pentecôte*, Pierre proclame le Christ vivant à Jérusalem, puis à Rome, malgré ses arrestations successives. Il écrit des lettres pour soutenir différentes communautés chrétiennes. Il meurt martyr à Rome vers 64 ou 67 ap. J. C.

Pilate. *p. 194*
Ponce Pilate est gouverneur de Judée à l'époque de Jésus. Il représente l'empereur romain. Quand Jésus est arrêté, il est envoyé devant Pilate qui l'interroge et veut le relâcher, ne voyant pas de motifs pour le condamner. Finalement, il cède à la pression de la foule qui réclame sa mort, et le fait crucifier.

Reine de Saba. *p. 72-73*
La reine de Saba avait entendu parler de la sagesse du roi Salomon*. D'Éthiopie, elle se rend à Jérusalem* avec toute son ambassade pour lui poser des questions. Salomon* répond à toutes sans difficulté. Devant la sagesse de Salomon*, devant la beauté et la richesse de son palais et du Temple, la reine de Saba bénit le Dieu de Salomon*.

Salomon. *p. 67, 68-69, 70-71, 72-73*
Salomon est le fils du roi David*. Il est roi d'Israël entre 970 et 933 av. J. C. Il est réputé pour sa grande sagesse. Son règne est une période de paix et de prospérité pour le pays. Il fait construire à Jérusalem* un temple magnifique pour y placer l'Arche d'Alliance*. Ce Temple fastueux apporte de l'éclat à la religion israélite. La fin du règne de Salomon est secouée de révoltes. Après sa mort, le royaume d'Israël se sépare en deux.

Samson. *p. 56-57*
Samson est doué par Dieu d'une force surhumaine. Mais un jour, une Philistine, Dalila*, une femme du camp ennemi, lui retire sa force en lui coupant les cheveux et le livre aux Philistins qui lui crèvent les yeux. Plus tard, Samson se venge et sauve son peuple en faisant écrouler le temple. Trois mille Philistins sont écrasés sous les pierres. Samson aussi meurt sous l'écroulement.

Samuel. *p. 58-59, 60-61*
Samuel est un très grand prophète. Enfant, il vit dans le temple de Silo, avec le vieux prêtre Éli. Une nuit, Dieu appelle Samuel pour lui confier la mission de parler en son nom. Devenu grand, Samuel reçoit

de Dieu la charge de désigner le roi d'Israël. C'est lui qui appelle David* parmi les fils de Jessé*.

Sarah . *p. 24-25, 26*
Sarah est la femme d'Abraham*. Quand Dieu promet à Abraham qu'il aura un fils et une longue descendance, elle rit car elle est déjà vieille. Mais elle met au monde Isaac*.

Silas . *p. 221*
Silas fait partie des premiers chrétiens de Jérusalem. Il est un fidèle ami de Paul*.
Il est choisi pour le seconder et il l'accompagne dans ses voyages. Avec Paul, il fonde les Églises de Thessalonique et de Corinthe, en Grèce.

Simon . *p. 126-127*
Il y a plusieurs Simon dans le Nouveau Testament. Les deux apôtres Simon Pierre* et Simon le Zélote, Simon de Cyrène qui aide Jésus à porter sa croix, Simon appelé frère du Seigneur, Simon le lépreux chez qui Marie de Béthanie verse du parfum sur la tête de Jésus. Il y a un autre Simon, le pharisien, chez qui Jésus est invité. Une femme vient, là aussi, verser du parfum sur les pieds de Jésus, et les essuie avec ses cheveux.

Sinaï . *p. 46*
Entre l'Égypte* et le pays de Canaan, le Sinaï forme un désert où le peuple hébreu passe quarante ans après sa sortie d'Égypte, conduit par Moïse*. C'est sur le mont Sinaï que Moïse rencontre le Seigneur face à face et reçoit les dix commandements*.

Timothée . *p. 221*
Timothée est un juif de Jérusalem devenu chrétien et disciple de Paul*. Il fait avec lui plusieurs voyages en Grèce. Paul lui confie l'Église d'Éphèse. Deux lettres de Paul sont adressées à Timothée, et décrivent la mission d'un chef de communauté chrétienne. Comme Paul, Timothée a été emprisonné. Libéré, il devient un des premiers successeurs des apôtres.

Tite . *p. 221*
Tite est d'origine grecque. Il se convertit au christianisme et devient disciple et collaborateur de Paul*. Il est chargé d'organiser l'Église de Crète. Une des lettres de Paul est adressée à Tite et lui donne des recommandations pour établir les fondements de cette Église de Crète.

Uri . *p. 66-67*
Uri est un soldat de l'armée du roi David*. Il est marié à Bethsabée*, une très belle femme que David remarque. Pour pouvoir prendre Bethsabée chez lui, David envoie Uri au front. Uri se fait tuer.

Zachée . *p. 134-135*
Dans la ville de Jéricho, Zachée est le chef des publicains, il ramasse les impôts pour le compte de l'occupant romain. Il est très riche. Un jour, Jésus vient à Jéricho, mais Zachée qui est très petit n'arrive pas à le voir. C'est Jésus qui l'appelle et s'invite chez lui. Zachée le reçoit avec joie, et il se convertit. Il rend l'argent qu'il a injustement gagné et donne la moitié de ses biens aux pauvres.

MamE

Direction : Guillaume Arnaud
Direction éditoriale : Sarah Malherbe, Sophie Cluzel
Édition : Anne-Claire Aubron, assistée de Léa Gallet

Direction artistique : Élisabeth Hébert

Mise en page : Facompo
Fabrication : Thierry Dubuis, Marie Guibert
Photograveur : Point4

Nihil Obstat, Paris, le 15 mai 2000,
Père Michel Dupuy
Imprimatur, Paris, le 15 mai 2000,
Père Maurice Vidal, Vicaire épiscopal

© Mame Paris, 2012
www.mameeditions.com

ISBN : 978-2-7289-1567-5
MDS : 531201

Tous droits réservés pour tous pays.
« Loi n° 49-956 du 16 juillet 1949
sur les publications destinées à la jeunesse. »

Achevé d'imprimer en janvier 2015
par DZS en Slovénie
Dépôt légal : octobre 2012
N° d'édition : 15049-03